Messages de Nietzsche

Commentaires philosophiques
Collection dirigée
par Angèle Kremer Marietti et Fouad Nohra

Permettre au lecteur de redécouvrir des auteurs connus, appartenant à ladite “histoire de la philosophie”, à travers leur lecture méthodique, telle est la finalité des ouvrages de la présente collection.

Cette dernière demeure ouverte dans le temps et l’espace, et intègre aussi bien les nouvelles lectures des “classiques” par trop connus que la présentation de nouveaux venus dans le répertoire des philosophes à reconnaître.

Les ouvrages seront à la disposition d’étudiants, d’enseignants et de lecteurs de tout genre intéressés par les grands thèmes de la philosophie.

Dernières parutions

Lucien OULAHBIB, *La Haine. Est-elle haïssable ?*, 2017.
Robert M. PALEM, *Questions à la phénoménologie ou Candide à Fribourg-en-Brisgau*, 2015.
Steeve Elvis ELLA, *Altérité et transcendance dans le Mvett. Essai de philosophie pratique*, 2014.
Fatma MOUMNI, *Aux sources de l’anthropologie positive, Auguste Comte lecteur de David Hume, 2013.*
Lucien-Samir OULAHBIB, *Hors des chemins qui ne mènent nulle part, Ou comment sortir, libre, de la non philosophie, 2013.*
Robert Michel PALEM, *Henri Ey et la philosophie. Les racines et référents philosophiques et anthropologiques d’Henri Ey*, 2013.
Constantin SALAVASTRU, *Cinq études sur la rhétorique cicéronienne,* 2013.
Angèle KREMER-MARIETTI, *Merleau-Ponty. La relation au langage et au sens*, 2013.
Angèle KREMER-MARIETTI, *Autrui, soi et tout le reste*, 2013.
Yvette CONRY, *Matières et matérialismes, Etudes d’histoire et de philosophie des sciences*, 2013.
Jean-Pierre COUTARD, *Le soi, le temps et l’autre*, 2013.
Soundouss EL KETTANI, *Une dynamique du visuel, L’ondoyante réalité des* Rougon-Macquart *de Zola*, 2013.

Mohamed BEN AROUS

MESSAGES DE NIETZSCHE

L'Harmattan

5-7, rue de l'École-Polytechnique ; 75005 Paris
http://www.editions-harmattan.fr
ISBN : 978-2-343-17337-5
EAN : 9782343173375

Préface

L'ensemble de ces travaux voudrait être notre tribut à la délivrance de Nietzsche de la fougue de tout prosélytisme. Sa renaissance la plus récente témoigne, de ce fait, de la grandeur et de l'intensité incoercible de sa pensée. Notre sympathie pour Nietzsche n'a rien, d'ailleurs, d'une transgression de son souci de détachement et de solitude. Il s'agit, à notre sens, d'un grand maître en matière d'indépendance philosophique. N'est-il pas le cas même de l'éternel précurseur?

Confrontées à l'indigente parodie du discours de la modernité, ses flâneries intempestives ont de quoi se nourrir de la puissance qui permet de voir, sous tout changement historique apparent, le retour éternel du même. Notre recueillement autour de Nietzsche nous envahit de joie et d'allégresse jaillissant de la grandeur et de la gaieté incompréhensiblement avisées de son esprit libre[1].

L'intérêt que nous portons à cette grande figure de la philosophie allemande n'est que la preuve de la valeur inestimable de ce que Paul Ricœur appelle justement

---

1 « *Crépuscule des idoles :* ah, qui comprendrait *de quel genre de sérieux* un ermite se délasse ici ! La gaieté d'esprit est ce qu'il y a chez nous de plus incompréhensible… » F. Nietzsche, « *Ce qui abandonne les Allemands* », in *Le cas Wagner -Crépuscule des idoles*, présentations et traductions de l'allemand par E. Blondel et P. Wotling, Paris, GF, 2005, §. 3, p. 169.

l'«hospitalité langagière, (...) où le plaisir d'habiter la langue de l'autre est compensé par le plaisir de recevoir chez soi, dans sa propre demeure d'accueil, la parole de l'étranger[2].»

Force est de considérer notre sympathie pour Nietzsche comme l'antidote de tout amenuisement pathétique. C'est qu'il s'est porté volontaire à nous « (...) rendre la pensée de la vie cent fois plus valable encore ![3]» L'actualité de Nietzsche trouve certainement sa propre justification dans l'exigence qu'il avait imposée à tout philosophe à qui revient obligatoirement, comme dit Nietzsche, « (...) d'être la mauvaise conscience de son temps, - ce pourquoi il doit en avoir une parfaite connaissance[4] ».

Notre travail est, en conséquence, animé par l'intention de vouloir pouvoir "penser avec Nietzsche" et renouer avec une tradition restée inerte que des générations du monde arabe – hommes de lettres et philosophes – avaient sporadiquement inaugurée depuis un peu plus d'un siècle.

Le titre que nous avons choisi pour notre ouvrage : « MESSAGE DE NIETZSCHE », traduit un rapport à Nietzsche qui voudrait en démarquer l'image d'une pensée démesurément momifiée et rendue exsangue par les dispositifs réducteurs de maintes interprétations, notamment celle de Heidegger. Cautionné par la volonté de dissoudre les constellations énigmatiques de la pensée nietzschéenne dans un réseau de locutions fondamentales, le monolithisme de cette interprétation bute contre l'incompréhensibilité native ou intrinsèque habitant cet esprit.

---

2 P. Ricoeur, *Sur la traduction*, Paris, Bayard, 2004, p. 20.

3 F. Nietzsche, *Le Gai savoir*, in *OPC.*, textes et variantes établis par G. Colli et M. Montinari, trad. de l'allemand par P. Klossowski, Paris, Gallimard, 1982, §. 278, p. 191.

4 F. Nietzsche, *Le cas Wagner...*, Paris, GF, 2005, préface, p. 30.

En revanche, une pléthore se donne pour le mode d'expression de la plénitude insaisissable de la pensée de cet «homme posthume par excellence (qui serait) d'humeur à supporter cette étrangeté, ce froid, ce silence sépulcral, toute cette solitude souterraine, cachée, muette, ignorée[5]...» A contre courant de cette situation lugubre, notre ambition consiste à vouloir exhumer les messages oubliés d'un Nietzsche convié, au-delà des instincts voraces de la cognoscibilité et de l'interprétation, à déclencher de nouveau la guerre qui "éduque à la liberté" pour qu'il puisse revivre de la vie des lointains sempiternels de sa pensée de nuance[6].

---

5 F. Nietzsche, *Le Gai savoir*, in *OPC.*, Paris, Gallimard, §. 365. Lisez encore à ce propos le fragment 381 du 5 ème livre de ce même ouvrage: « On ne tient pas seulement à être compris quand on écrit, mais tout aussi certainement à ne pas l'être. Ce n'est nullement une objection suffisante contre un livre, si une quelconque personne le juge incompréhensible: peut-être cela même rentrait-il dans les intentions de l'auteur, -- il ne voulait pas être compris par "n'importe qui". Chaque esprit, chaque goût plus élevé quand il veut se communiquer choisit son audience: du même coup il trace une démarcation à l'égard des "autres". C'est de là que procèdent toutes les lois plus affinées du style: elles écartent, créent de la distance, interdisent l' "accès", la compréhension comme on a dit, (...)Tout au moins y a-t-il des vérités particulièrement farouches et chatouilleuses dont on ne peut s'emparer que par surprise – ou laisser...Enfin ma brièveté a encore une tout autre valeur: à l'intérieur de questions telles que celles qui m'absorbent, il me faut dire beaucoup de choses brièvement afin d'être entendu plus brièvement encore. »

6 « Même cette habileté à saisir au propre at au figuré, ce doigté pour les *nuances*, toute cette psychologie "qui voit dans les coins" qui me distingue peut-être, je les ai appris alors, c'est le vrai présent que me fit cette époque où tout, chez moi, s'est affiné, l'observation comme les organes de l'observation. (...) S'il est une chose que j'ai bien en main, et pour laquelle j'ai la main, c'est de *renverser les perspectives...* » Voir F. Nietzsche, *OPC., FP., début 1888 - début janvier 1889*, Paris, Gallimard, 1977, §. 24[1], 10, p. 370.

Introduction

Nietzsche en devenir

La philosophie de langue arabe passe, depuis longtemps, à l'endroit de Nietzsche, pour la moins loquace. Ce mutisme relève d'une ankylose qui n'est peut-être que le legs des régimes despotiques responsables de l'oblitération du génie créateur des peuples arabes. Pourquoi a-t-on maintenu durant des décennies le blocus d'un silence désorienté à l'égard de Nietzsche ?

Eludée sciemment par les "polygraphes" de «la philosophia misthophoros [philosophie salariée][1] », la pensée de Nietzsche semble encore quasiment interdite aux nouvelles générations. Du reste, La bibliographie historique ainsi que l'actualité intercontinentale des études nietzschéennes comptent ensemble quelques tentatives qui prétendent cou-

1 « Un professeur de philosophie n'a pas l'idée d'examiner un nouveau système au point de vue de la vérité, mais il recherche simplement aussitôt si l'on peut le faire accorder avec les doctrines de la religion du pays, les opinions gouvernementales et les vues régnantes du temps. Alors, il décide de son sort. Si cependant ce système faisait son chemin, s'il attirait, comme instructif et révélateur, l'attention du public, qui le jugerait digne d'être étudié, il préjudicierait dans une mesure égale au prestige, au crédit, et, ce qui est pire, au placement de la philosophie débitée en chaire. » Voir A. Schopenhauer, *Ils corrompent nos têtes*, trad. de l'allemand par A. Dietrich, Paris, Circé, 1991, p. 21.

per court avec les mésinterprétations précédentes[2] qui ne peuvent qu'induire en erreur toute nouvelle pérégrination à travers les dédales de cette œuvre témoignant de la haute ''démesure'' de son auteur[3].

Le destin tragique de cette pensée, tant calomniée, nous engage à tisser avec ses messages intérieurs les liens d'une "affinité élective" fondée, comme disait Bernard Pautrat, sur « une "description orientée" du texte de Nietzsche[4] ». Notons, en revanche, que l'idéal de la donation de l'œuvre à la cognition traduit la joute de tout lecteur épris de l'effort d'en pénétrer l'esprit. Chose que peut saper la pression d'un clair-obscur nourrissant les malices d'un homo ludens qui flâne à travers les labyrinthes de la « philosophie inouïe et insolente »[5] de Nietzsche. Toute percée de l'œuvre en question exige une écoute attentive des messages dévoilant la mauvaise conscience d'un philosophe rétif à son temps. C'est le cas d'une idiosyncrasie qui ne se dévoilerait qu'à

---

2 « Qu'on vienne ici, au moyen d'habilités, faire valoir le faux et le prôner partout comme vrai, à grand renfort de voix de stentors appointés, et nous aurons ces résultats: l'esprit du temps est empoisonné, toutes les branches de la littérature se corrompent, tout essor intellectuel élevé s'arrête, et un obstacle de longue durée vient s'opposer au développement du bon et du vrai. Tels sont les fruits de la *philosophia misthophoros* [philosophie salariée]. » Voir A. Schopenhauer, ibid., p. 31.

3 « On m'a déclaré assez souvent, et toujours en s'étonnant fort, que tous mes ouvrages avaient quelque chose de commun et de marquant, (...) ils recèleraient tous, m'a-t-on dit, des lacs et des rets à prendre les oiseaux imprudents, et presque une provocation, sourde mais constante, à renverser les estimations habituelles et les habitudes estimées. Voir F. Nietzsche, *Humain, trop humain – Un livre pour esprits libres, I, F.P. (1876-1878)*, textes et variantes établis par G. Colli et M. Montinari, trad. de l'allemand par R. Rovini, Paris, Gallimard, 1968, préface, §. 1, p.13.

4 B. Pautrat, *Versions du soleil – Figures et système de Nietzsche*, Paris, Seuil, 1971, p. 9.

5 S. Kofman, *Nietzsche et la métaphore*, Paris, Payot, 1972, p.13.

travers les interstices d'une nébuleuse insondable lui servant de cuirasse face aux stratagèmes de toute manipulation intellectualiste dont la visée ne peut être que la réduction au silence de toutes les pléiades baroques de son style de pensée.

Les plus grands commentateurs de ses écrits, d'hier et d'aujourd'hui, comme Heidegger, Jaspers, Löwith, Fink, ou encore Charles Andler, Jean Wahl, Foucault, Deleuze, A. Kremer-Marietti, J.-M. Rey, J. Granier, Eric Blondel, Michel Haar, J.-P. Faye, Sarah Kofman et Patrick Wotling, se rejoignent tous autour d'une idée fixe qui fait figure d'article de foi : la nécessité d'inventer une myriade de stratégies de lecture de Nietzsche[6]. Ces mêmes commentateurs et interprètes pensaient respectivement avoir forgé un dispositif adéquat capable de déchiffrer les codes de son "écriture de désastre"[7]. Toutefois, il s'est avéré que certaines interprétations de Nietzsche n'ont réellement contribué qu'à l'avènement et à la prolifération de ses "simulacres"[8].

De ce fait, il nous incombe de reconnaître que les "Nietzsche"(s) créés à l'image de certains interprètes d'au-

---

6 « Non seulement le contenu des interprétations de Nietzsche peut varier d'un interprète à l'autre, mais encore le cadre ou le plan dans lequel celles-ci sont proposées et motivées par des urgences qui échappent souvent à la cohérence de toute philosophie de l'interprétation. Ainsi, le cas particulier évident des « réceptions » de Nietzsche manifeste souvent davantage le jeu des notoriétés que celui des nécessités. La mise en ordre que constitue une lecture des écrits de Nietzsche dépend elle-même de déterminations perspectivistes qui fonctionnent selon une logique de l'apparence sur laquelle repose un discours qui en vaut un autre. » Voir A. Kremer-Marietti, « *Introduction: Interprétations de Nietzsche* », in, *Revue Internationale de Philosophie*, N°211, Volume 54, Mars 2000, p. 3.

7 L'expression évoque le titre d'un écrit de Maurice Blanchot, publié aux éditions Gallimard, 1980.

8

torité, comme Heidegger ou Jaspers, s'apparentent sans ambages plus à leurs propres systèmes de pensée qu'à la source originaire de l'œuvre initiale. Or, ce que nous retenons de cette désorientation nous rappelle les ratiocinations aberrantes d'un fossoyeur qui, au lieu de conduire à un déchiffrage des messages cryptés de Nietzsche, débouche sur des formes de méconnaissance déguisées.

Y a-t-il encore des doutes, par exemple, au sujet de l'« improbité » philosophique de Heidegger qui, en impliquant les textes nietzschéens dans les jeux déformants de son herméneutique historiale, les engouffre dans les labyrinthes du glossaire métaphysique ? Notons, toutefois, que la démarche heideggérienne a fini par nous brosser le portrait d'un Nietzsche appauvri, desséché et mis à mort par la logique unilatérale de l'identité. L'unique intention de ce genre d'interprètes consiste à bien vouloir connaître Nietzsche et déterminer un noyau dur autour duquel gravite sa pensée.

Une certaine forme de "myopie" méthodologique se voit condamner Heidegger, au même titre que ses pairs, à enfreindre la règle épistémologique, décrétée par Kant dans la foulée de l'écroulement de l'ontologie traditionnelle, creusant un gouffre infranchissable entre connaître et penser. Et en dépit de leur "trahison" de Kant[9], les hérauts de

---

9 « L'ensemble du mouvement spéculatif, qui commence avec Fichte et qui incline à convertir l'idéalisme critique de Kant en un "idéalisme absolu", ne concerne pas Fries. Il voit en ce mouvement un égarement singulier et prolongé de la pensée ; il ne s'élève pas tant contre ses résultats qu'il nie son principe fondamental et sa méthode. Face à cette perversion de la pensée critique fondamentale, renouveler l'authentique *problématique* scientifique critique de Kant, telle est la première tâche que se donne la philosophie de Fries. » Voir E. Cassirer, *Les systèmes post-kantiens: Le problème de la connaissance dans la philosophie et la science des temps modernes*, trad. à l'initiative du Collège de Philosophie, Presses Universitaires de Lille, 1983, p. 351.

l'Idéalisme allemand, - Fichte, Schelling et Hegel -, n'ont pas réussi à surmonter ce schisme et réconcilier définitivement les facultés antinomiques de l'âme humaine. De toute évidence, Heidegger avait en partie raison de rappeler, à la suite de Nietzsche, que l'expérience métaphysique de la pensée s'en est prise à tout autre mode de perception et de communication, mis à part celui qui a conduit l'intellect à l'instauration d'un monde conçu d'après les lois autocratiques du Logos.

C'est dans cette optique que la destruction de la raison représentative et calculante, qui pivotait autour de la catégorie de la subjectivité, est devenue l'affaire de la pensée annonçant la fin de la Métaphysique. Justement, « (...) la pensée ne commence, écrit Heidegger, que lorsque nous avons éprouvé que la Raison, tant magnifiée depuis des siècles, est l'adversaire la plus opiniâtre de la pensée[10] ».

Il est clair, par contre, que la tradition allemande moderne dont on reconnaît aisément la parenté avec Kant ne peut en aucun cas, à l'endroit de ses problèmes théoriques et de la conceptualité de ses systèmes philosophiques, prétendre nouer une certaine filiation avec les constellations iconoclastes de la pensée de Nietzsche[11]. C'est en orientant

---

10 M. Heidegger, *« Le mot de Nietzsche "Dieu est mort"*, in, *Chemins qui ne mènent nulle part*, trad. de l'allemand par W. Brokmeier, Paris, Gallimard, coll. Idées, 1980, p. 322.

11 L'œuvre de Nietzsche qui inaugure, selon Habermas, l'ère de la pensée post-métaphysique, contribue de surcroît à concasser les idées majeures de la modernité, telles que la représentation et la subjectivité. C'est pourquoi il serait insensé de ranger Nietzsche dans la même lignée des systèmes postkantiens. Cassirer nous fournit des éléments qui consolident notre point de vue. Voir par exemple les deux chapitres, traitant de Schopenhauer et de Fries, qui clôturent son précieux ouvrage: *Le problème de la connaissance dans la philosophie et la science des temps modernes. Vol III.: Les systèmes postkantiens*, trad. de l'alle-

le penser vers « une activité de diagnostic[12] » ouvrant sur un pluralisme atopique d'affects et d'expressions vagabondes que le dispositif généalogique s'engage à rendre la liberté à l'esprit philosophique captif depuis les Grecs de l'horizon rationaliste, réinstauré par le phénoménalisme de Kant et étendu, sous l'égide du panlogisme hégélien, jusqu'aux confins du réel. Toute valeur ne serait, dans cette optique, que l'effet d'un jeu de langage. D'où, l'on constate que le perspectivisme nietzschéen dévoile que l'idéal de l'adéquation du réel et du rationnel ne peut être qu'ombrageux et éphémère[13].

Par conséquent, toute tentation incitant à connaître Nietzsche selon l'ordre des raisons ou, pis encore, à réduire les voix pléthoriques de sa pensée à l'ensemble des locutions fondamentales ne répondrait qu'à une espèce de paralogisme de la raison pure. Une tournure de ce genre nous conduit systématiquement à dénoncer le caractère prékantien de ces interprétations de Nietzsche dont le bas-fond

---

mand à l'initiative du Collège de philosophie, revue par Ch. Bouchindhomme, préf. par M. Ferrari (Passages), Paris, éd. du Cerf, 1999.

12 M. Foucault, *« Foucault répond à Sartre »*, in, *Dits et Ecrits, I, 1954-1975*, Paris, éd. Quarto-Gallimard, 2001, p. 693.

13 « L'art et la science étaient pour Nietzsche (comme pour Wahl) des "constructions de l'homme", et créer des valeurs ou donner forme est toujours une joie " originaire (Urlust). Même la signification maximale ainsi développée peut se détruire elle-même, se retourner en absence de signification: le beau et le vrai, qui souvent s'opposent, procèdent alors de la même source, l'illusion (Wahn). A l'origine de l'activité de l'esprit, Wahl distinguait avec Nietzsche la formation des images, puis celle des mots, enfin celles des concepts impossibles sans les mots. » Voir A. Kremer-Marietti, *« Introduction: Interprétations de Nietzsche »*, in, *Revue Internationale de Philosophie*, N°211, Volume 54, Mars 2000, p. 3-4.

et les schèmes eschatologiques témoignent de leur dette à l'égard d'une certaine théologie réprimée[14].

Il serait judicieux de signaler, au passage, que les interprétations qui plient l'œuvre nietzschéenne aux canons de la raison discursive et démonstrative ou même phénoménologique, tout en insistant sur son lien ombilical avec l'idéal de la Raison, ne réussissent à développer que les prototypes d'un anti-Nietzsche ; un Nietzsche décapité dont la sagesse, emboîtée dans les gangues d'un idiome[15] étranger à celui de son auteur, se trouve condamnée à égarer les multiples voix de ce ''je'' charnel, unique dans son genre, qui enseignait « comment on devient ce que l'on est »[16].

Quiconque parmi ceux qui avaient lu les écrits de Heidegger, notamment ceux qui traitent de la pensée nietzschéenne, ne peut manquer de voir à quel point le philosophe de la forêt noire se donnait l'air paradoxal d'un rédempteur hors pair à l'égard de Nietzsche. « Nietzsche, écrit-il, est celui qui accomplit l'ultime mésinterprétation du premier commen-cement[17] ».

---

14 Voir à ce sujet Henri Birault, *« Philosophie et théologie – Heidegger et Pascal »*, in, *Cahier de l'Herne*, *« Martin Heidegger »*, Paris, L'Herne, 1983. De même *Heidegger et la question de Dieu*, recueil préparé sous la direction de Richard Kearney et J. S. O'Leary, Paris, Bernard Grasset, 1980.

15 « Nietzsche a ouvert une blessure dans le langage philosophique. Malgré les efforts des spécialistes, elle n'a pas été refermée. Voyez Heidegger, de plus en plus obsédé par Nietzsche au cours de sa longue méditation ; également, Jaspers. » Voir M. Foucault, *« Michel Foucault et Gilles Deleuze veulent rendre à Nietzsche son vrai visage »*, in, *Dits et Ecrits, I, 1954-1975*, Paris, Quarto/Gallimard, 2001, p. 579.

16 Voir Nietzsche, *Ecce Homo – Comment l'on devient ce que l'on est*, trad. de l'allemand par J.-Cl. Hémery, Paris, Idées/Gallimard, 1985.

17 Heidegger, *Schelling -- Le Traité de 1809 sur l'essence de la liberté humaine*, trad. Par J.-F. Courtine, Paris, Gallimard, 1977, p. 321.

Cloué au pilori par Heidegger, tel un scélérat, ce “Nietzsche” serait l’icône du dernier pécheur. L’oubli de l’Être se dit aisément dans le vocabulaire de la théologie. Qu’on ne s’étonne pas, à ce propos, du fait que Heidegger nie catégoriquement tout couplage de la philosophie avec la chrétienté. Mais qu’en est-il, en conséquence, de l’histoire de la métaphysique qui n’était que le théâtre de la déchéance terrestre de l’homme ou de sa conscience malheureuse ou encore, pour parler comme Hegel, de l’aliénation de l’Esprit absolu[18]?

C’est en prônant une interprétation historiale de la vérité de l’Être, que Heidegger retrace l’histoire de la métaphysique, allant de Platon jusqu’à Nietzsche, comme s’il s’agissait d’un horizon funèbre qui débute par le péché et la déchéance adamiques et finit par le dernier jugement sonnant le glas pour Dieu ainsi que pour le dernier homme. Platon, qui était l’architecte de la fable du monde vrai, condamne la pensée à fondre tout au long de son histoire dans le moule d’une métaphysique qui ne peut être, “de fond en comble”, que “platonisme”. « D’un bout à l’autre de la philosophie, écrit Heidegger, c’est la pensée de Platon qui, en diverses figures, demeure déterminante[19] ».

---

18 « Nous prendrons bien garde d’interpréter un événement aussi remarquable à partir de fausses analogies. » Voir F. Nietzsche, « *La philosophie à l’époque tragique des Grecs* », in, *OPC.*, *Ecrits posthumes 1870/1873*, Paris, Gallimard, 1975.

19 M. Heidegger, *Questions III et IV*, trad. de l’allemand par J. Beaufret…, Paris, Tel/Gallimard, 1990, p. 283. Lisons encore dans la même optique ce qui suit: « L’architectonique de la philosophie scolaire (*metaphysica generalis et metaphysica specialis culminant en une theologia rationalis*) ne fait que refléter sous une forme didactique la vérité non comprise de l’étant, telle qu’à été instituée par Platon en assurant définitivement à l’idéalisme conçu métaphysique son fondement, et telle qu’elle se préparait déjà, dès le premier commencement de la nomination de l’être comme *φυσις* et *αλήθεια*, celles-ci étant ce

Mais le fait d'affilier Nietzsche à la structure de la pensée métaphysique sous le couvert d'un affranchissement de sa pensée, prise jadis en otage par des interprétations aberrantes, n'est-il pas aussi condamnable que celles-ci si l'on voit qu'il débouche sur l'immobilisation de l'élan vital de cette pensée, et sur la réduction de la pléthore de ses expressions à cinq locutions fondamentales tenant lieu de concepts fondateurs de sa métaphysique?

« Force est de reconnaître, écrit H.-G. Gadamer, qu'en aucun cas Nietzsche n'a participé de façon conciliante au dialogue millénaire de la philosophie avec elle-même. C'est pourquoi il constitue une provocation particulière pour la philosophie[20] ». Compte tenu de cette attitude critique, H.-G. Gadamer se rangerait du côté de ceux qui défendent les messages de Nietzsche contre la claustration heideggérienne de toute pensée à l'intérieur du carcan de la logique de l'Être, faisant notamment corps avec l'Histoire de la Métaphysique occidentale.

En effet, Heidegger se fait piéger en accordant à l'histoire de la métaphysique le sens d'une totalisation englobante qui ne peut ne pas être traversée et voire cassée en deux par l'inexorable loi de rareté et de singularité, traduite par l'intempestivité de Nietzsche, comme prédicateur d'une

---

que la métaphysique précisément outrepasse, de telle sorte que cette métaphysique n'est plus jamais capable, de son propre chef, pas même à partir de la totalité de son histoire, de reconnaître en un savoir essentiel ce premier commencement. Elle ne peut que le mésinterpréter en revenant, i.e. ici en retombant en arrière. » Heidegger, *Schelling -- Le Traité de 1809 sur l'essence de la liberté humaine*, p. 321.

20 Hans-Georg Gadamer, *Nietzsche l'antipode – Le drame de Zarathoustra*, suivi de *Nietzsche et nous*, Entretien entre Th. Adorno, M. Horkheimer et H.-G. Gadamer, trad. de l'allemand par Ch. David, Paris, Allia, 2000, p. 14.

« pensée du dehors[21] ». C'est le fait de reconnaître la transgression nietzschéenne des confins de cette histoire de la philosophie qui nous met sur le chemin de la configuration foucaultienne d'un "Nietzsche" rétabli dans ses droits de penseur « (...) du sous-sol[22] » qui ne reconnaîtra dans le "Nietzsche" de Heidegger que son antipode.

Ce genre de confrontation nous conduit à poser de nouveau la question lancinante de la lecture de Nietzsche. Jean-François Balaudé aborde paradoxalement l'ambiguïté de cette condition interrogatrice par le biais de deux questions contiguës : Comment peut-on encore lire Nietzsche ? Comment doit-on le lire aujourd'hui ? Cela exige, si l'on

21 Une pensée dont l'expérience « (...) devait rester alors non pas exactement enfouie, car elle n'avait pas pénétré dans l'épaisseur de notre culture, mais flottante, étrangère, comme extérieure à notre intériorité, pendant tout le temps où s'est formulée, de la façon la plus impérieuse, l'exigence d'intérioriser le monde, d'effacer les aliénations, de surmonter le moment fallacieux de l'*Entaüsserung*, d'humaniser la nature, de naturaliser l'homme et de récupérer sur la terre les trésors qui avaient été dépensés aux cieux. Or c'est cette expérience qui réapparaît dans la seconde moitié du XIX siècle et au cœur même du langage, devenu, bien que notre culture cherche toujours à s'y réfléchir comme s'il détenait le secret de son intériorité, l'étincellement même du dehors: chez Nietzsche, quand il découvre que toute métaphysique de l'Occident est liée non seulement à sa grammaire (ce qu'on devinait en gros depuis Schlegel), mais à ceux qui, tenant le discours, détiennent le droit à la parole ». M. Foucault, « *La pensée du dehors* », », in, *Dits et Ecrits, I, 1954-1975*, Paris, Quarto/Gallimard, 2001, p. 550.

22 « Il y a en premier lieu des penseurs superficiels, en second lieu des penseurs profonds – ceux qui descendent dans la profondeur des choses, -- en troisième lieu des penseurs radicaux qui vont au fond des choses, -- ce qui a beaucoup plus de valeur que de descendre seulement dans leurs profondeurs§ -- et enfin des penseurs qui enfoncent la tête dans le bourbier: ce qui ne devrait être signe ni de profondeur ni de radicalité ! Ce sont nos chers "penseurs du sous-sol". » F. Nietzsche, *Aurore – Pensées sur les préjugés moraux,* in *O.P.C.*, Paris, Gallimard, 1980, tome IV, §. 446, p. 238.

croit Balaudé, la mise en vigueur d'un credo assignant une double tâche : s'écarter du chemin de Heidegger miné par son couplage entre Nietzsche et la métaphysique, et pérégriner librement à travers les contrées inconnues de l'œuvre nietzschéenne[23]. De ce point de vue, les ''simulacres'' cherchant à se confondre avec Nietzsche ne pouvaient que renvoyer à la fiction d'un Nietzsche miniaturisé, dont la renaissance posthume serait l'apanage du retournement de la Métaphysique qui s'est dénaturée « en sa propre perversion[24] ».

Tout semble confirmer que chaque lecture de Nietzsche qui vise à s'approprier les constellations de son œuvre et comprendre les multiples vagues enchevêtrées de son idiosyncrasie langagière doit se poser au préalable des questions qui portent sur les conditions à remplir avant de s'aventurer dans un genre de dialogue interne ou de monologue nécessitant la coopération de tous les organes du lecteur dont l'espérance d'accolade ne trouverait assouvissement que dans le recueillement et la communion charnelle avec ce que devrait être les "vérités" de Nietzsche[25].

---

23 « Avant de lui assigner une place (trop) clairement fixée dans l'histoire de la métaphysique, il faut encore le lire scrupuleusement, dans tous les sens, lui, et non ceux qui prétendent l'épingler ainsi au tableau des papillons métaphysiques. » Jean-François Balaudé, *Lectures de Nietzsche*, choix de textes établi par J.-F. balaudé et P. Wotling,avant-propos de J.-F./ Balaudé, préface de P. Wotling, Paris, L.G.F., Le livre de poche/références/Philosophie, 2000, p. 8.

24 M. Heidegger, *Chemins qui ne mènent nulle part,* Paris, Gallimard, 1962, p. 253.

25 « Je suis une chose, ce que j'écris en est une autre. Il convient ici, avant même de parler de mes écrits, de se demander s'ils sont ou *ne sont pas* compris. Je le ferai avec toute la désinvolture qui s'impose, car cette question est encore loin d'être à l'ordre du jour. Moi non plus, je ne suis pas encore à l'ordre du jour: il en est qui naissent posthume (...). Mais je serais totalement en contradiction avec moi-même si j'espérais trou-

La myriade des œuvres traitant de Nietzsche n'a pas réussi à éteindre le feu sacré jaillissant du fond de ses parodies et de ses énigmes contre lesquelles les esprits ne cessent de buter. Cette pensée souterraine, transvaluante de toutes les valeurs, se découvre dégagée de la machination morale, nourrice d'obédience et de subjugation de l'homme vis-à-vis des ''narcotiques'' adoucissant fictivement les horreurs de l'existence.

De ce fait, Nietzsche se propose, comme tâche ultime, de destituer la morale chrétienne qui finira, sous son martèlement, par abandonner son office ancestral de Circé et de tentatrice de tous les penseurs. C'est à travers les pénombres de ses interprétations trop humaines que l'œuvre de Nietzsche passe pour l'interprétation à l'état pur, celle qui se nourrit d'une vie[26] rétive absolument **à** la double séquestration de la raison et de la morale.

---

ver dès aujourd'hui des oreilles et des *mains* aptes à saisir *mes* vérités: que l'on n'entende pas aujourd'hui, que l'on ne sache pas aujourd'hui prendre ce que je donne, c'est non seulement compréhensible, mais me semble même juste. » F. Nietzsche, « *Pourquoi j'écris de si bons livres* », in, *Ecce homo – Comment on devient ce que l'on est*, Paris, Idées/Gallimard, 1985, §. 1, p. 61.

26 « ...toute vie repose sur l'apparence, sur l'art, sur l'illusion, sur l'optique, sur la nécessité perspectiviste et sur l'erreur, (...) la vie est quelque chose d'essentiellement immoral, (...) C'est donc *contre* la morale que dans ce livre problématique s'était jadis tourné mon instinct, un instinct qui intercédait en faveur de la vie et s'inventa par principe une contre-doctrine et une contre-évaluation de la vie, purement artistique, *anti-chrétienne.* » F. Nietzsche, « *Essai d'autocritique* », in, *La naissance de la tragédie, O.P.C.*, Paris, Gallimard, 1977, tome I, §. 5, p. 31-32.

Chapitre I

QUI EST LE « NIETZSCHE » DE HEIDEGGER?

1 - Questionnements préliminaires:

Quel risque de déshonneur pourrait encourir Heidegger s'il ne réussissait pas à réintégrer Nietzsche dans l'idéologie de l'Université allemande? Quel butin espérait-il rapporter en s'attaquant aux ruches de la pensée nietzschéenne? Les dialogues post mortem dont les instances intermittentes renvoient sans cesse à l'omnipotence du dispositif heideggérien sembleraient n'être qu'une reproduction de l'œuvre émiettée de Nietzsche, détournée forcément de ses intentions les plus authentiques.

Certes, le corpus nietzschéen demeure à jamais comme un foyer de résistance face à la joute ''dévastatrice'' du ratissage éclectique de Heidegger qui n'y cherchait que ce qu'il avait décidé d'y trouver. De ce point de vue, Heidegger nous semble avoir commis à l'égard de Nietzsche le péché caractéristique de l'*intellectus sibi permissus*. Pourrions-nous, ainsi, nous fier à la projection heideggérienne dans le but de percer et élargir ou – pour parler comme

Michel Foucault – conjurer « (…) la danse bondissante de Nietzsche[1] » ?

Ce projet constitue, me semble-t-il, une affaire d'injustice d'ordre éthique portant atteinte à Nietzsche. C'est ce qui nous interpelle dans le sens de rendre à Nietzsche ce qui est à Nietzsche et à Heidegger ce qui est à Heidegger. Disons, pour faire simple, qu'afin de départager ces deux grandes figures de la philosophie occidentale, il importe d'examiner l'interprétation heideggérienne à l'aune de l'impératif de probité cher à Nietzsche.

Dans un volume introductif à Nietzsche, Pascal David a déjà ouvert une brèche dans ce dossier : « La pensée de Nietzsche, écrit-il, aura attendu Heidegger pour être enfin reconnue, dans sa grandeur et sa facture propres comme en ses limites[2] ». Toutefois, il est loisible de se demander si l'interprétation heideggérienne de Nietzsche a contribué à l'éclaircissement de la pensée du "philosophe-artiste" ou, au contraire, à son obscurcissement ?

Si Heidegger tend à renouer avec le sens présocratique de l'*Aléthéia*, instituant comme "vérité" le couplage du clair/obscur, il y aura lieu de se demander si sa lecture de Nietzsche s'est conformée effectivement à cette structure herméneutique de l'*Aléthéia* ou, si au contraire, elle s'est enfermée dans le modèle platonicien de lumière, qui nous donne l'Etre comme *eidos* (Idée) et la vérité comme *homoiosis* (conformation)?

La question peut être formulée autrement : dans son interprétation herméneutique de l'histoire de la Métaphysique

1 M. Foucault, « Une histoire restée muette », in *DITS ET ECRITS I, 1954-1975*, Paris, Quarto/Gallimard, 2001, p. 573.

2 P. David, *« Dieu est mort » - Friedrich Nietzsche* ١٩٠٠-١٨٤٤, Paris, La Martinière/Xavier Barral, coll. Voix, 2003, p. 7.

qui s'étend de Platon **jusqu'à Nietzsche,** comment Heidegger nous a-t-il livré ces philosophies, est-ce à travers le filtre de la Vérité ou bien par le truchement des grilles mi-dévoilantes de l'Aléthéia ?

La pensée de Nietzsche nous semble dotée d'une ambiguïté impénétrable dont le déploiement extrême trouve ses titres de noblesse dans *Also sprach Zarathustra.* Maurice Merleau-Ponty en est, de ce point de vue, l'héritier indirect. L'ambiguïté est devenue une constituante de sa propre philosophie. Nietzsche n'est-il pas le premier à rompre les liens de parenté tissés jusqu'alors entre la philosophie et la transparence, son « regard altier et profond » d'interprète s'étant doublé d'une frappe d'ambiguïté dont les glas tragiques rendent l'écho de la fatalité énigmatique du Sphinx ?

Loin de se poser en dépositaire de « la chose du monde la mieux partagée[3] », canonisant les règles de bonne direction de l'esprit, Nietzsche s'engouffre plutôt dans les labyrinthes insondables de la vérité radicale, à l'instar de Thésée qui, en affrontant le Minotaure, fait preuve d'un courage imperturbable face à la mort. C'est par sa dénonciation de toutes les ratiocinations métaphysiques qui forment une nébuleuse autour de la réalité humaine que Nietzsche tâche de suivre, tout au long de son œuvre, l'itinéraire qui mènerait à l'acquiescement de l'éternité, à l'ordre de l'Uebermensch, voire du surhumain.

C'est ainsi que le ''Nietzsche'' de Heidegger nous a paru dépossédé du mystérieux clair/obscur qui brillait secrètement du fond même de ses fragments de pensée aphoristique. Mieux encore, l'œuvre légendaire de l'auteur de

---

3 R. Descartes, *Discours de la méthode,* avec le texte intégral des parties I à III, analyse et présentation par Sylvie Peyturaux, Paris, La philothèque, Bréal, 2003, p. 73.

L'Antéchrist se trouve réduite à un pis-aller éclectique qui atteste la substitution d'une visibilité donatrice à l'ambivalence énigmatique d'un corpus inépuisable. Bien plus, si Eric Blondel affirme justement que : « Nietzsche est philologue, taupe, être souterrain, indubitablement[4] », cela ne pourrait-il pas servir de preuve contre Heidegger qui nous éloigne plus qu'il ne nous rapproche de Nietzsche ?

La confrontation prolongée et intense de Heidegger avec Nietzsche aboutit inéluctablement à la subsomption du texte bariolé de par sa profondeur d'occultisme poétique sous les cinq locutions fondamentales de la métaphysique de Nietzsche, là où l'auteur des Questions affirme : « La pensée de Nietzsche est, conformément à la pensée occidentale depuis Platon, métaphysique[5] ». Pourtant, l'auteur du Cas Wagner s'est ouvertement opposé aux moralistes et aux forgeurs de concepts. « Le philosophe, écrit-il, n'aime pas les moralistes…Il n'aime pas non plus les grands mots[6] ». Cela étant, l'expérience créatrice de la pensée métaphorique s'aperçoit liquidée et immolée sur l'autel de la gnose cartésienne, hypostasiant l'obvie de la *mathesis universalis* aux dépens de ce que Gilbert Durand appelle justement « le grand nocturne du symbole, de la pensée indirecte, le renouveau du mythe, la prédilection pour l'intimisme[7] ».

C'est en creusant un gouffre abyssal entre Nietzsche et le sens présocratique de l'*Aléthéia* que Heidegger réussit,

---

4 E. Blondel, « *Les guillemets de Nietzsche: philologie et généalogie* », in *Lectures de Nietzsche*, sous la direction de J.-F. Balaudé et P. Wotling, Paris, Le livre de poche, 2000, p. 72.

5 M. Heidegger, *Achèvement de la métaphysique et poésie*, trad. fr. par A. Froidecourt, Paris, Gallimard, 2005, p. 9.

6 F. Nietzsche, *Le Cas Wagner…*, trad. fr. par E. Blondel et P. Wotling, Paris, GF, 2005, p. 29.

7 G. Durand, *L'âme tigrée*, Paris, Denoël, 1984, p. 175.

nous semble-t-il, à détourner le penseur de l'ambiguïté de son destin, et à lui extorquer les éperons de sa gloire prophétique. Par son hérétique explication *post mortem* avec Friedrich Nietzsche (1844/1900), Martin Heidegger (1889/1976) s'est impliqué *volens nolens* dans une confrontation herméneutique à répétition qui n'a ipso facto rien d'une « lutte amoureuse[8] ».

Il s'agit plutôt d'une dualisme dont l'anachronisme exhale le relent de la gigantomachie bimillénaire de la pensée métaphysique. Certes, le dispositif d'une telle explication, affichant comme mot d'ordre la "remémoration historiale" de la question énigmatique de l'Etre, a infailliblement débouché sur une implacable systématisation mystificatrice coupable d'une momification de la pensée fondamentalement nomade de ce psychologue des profondeurs dont les pairs sont incontestablement « ceux qui forent, qui sapent, qui minent[9] ».

Il est indéniable, par ailleurs, que Heidegger a effectivement subsumé la pensée poétique révoltée de Nietzsche sous le concept de la raison calculatrice et autocrate qui, tout en acculant les Temps Modernes aux désastres d'une logique de domination, l'a réduite à un sous-produit de la technicité instrumentaliste de l'âge atomique. En revanche, notre dessein ne consiste guère à admettre ex toto cette funeste transposition, ni à la saper totalement au nom d'un plaidoyer philosophique pour Nietzsche.

Tout donne à penser qu'il est vain d'exhumer un "Nietzsche" désormais desséché et enseveli par Heidegger

---

8 Heidegger, *Lettres sur l'humanisme*, trad. fr. par R. Munier, Paris, éd. Bilingue-Aubier, 1964, p. 91.

9 Nietzsche, *Aurore...*, trad. fr. par J. Hervier, Paris, Gallimard, 1980, Avant-propos, §1, p. 13.

lequel en avait gravé l'épitaphe dans la revue nécrologique du "dépassement de la métaphysique", au moment même où présomptueusement, et surtout à sa propre guise, il s'est intronisé apôtre de "la pensée décisive", dite post-métaphysique.

Tout différend avec Heidegger s'annonce, de surcroît, sous les termes d'un cri de résurrection proclamant " le grand retour de Nietzsche". Un retour qui vient appuyer la valeur divinatoire de cette pensée intempestive concernée par le « (...) devoir de se méfier, de darder sur le monde, du fond de tous les gouffres du soupçon, le regard le plus malintentionné[10] ». Ce retour finira par faire éclater le problème généalogique de la valeur au cœur même du vital à partir duquel l'humain est appelé à casser en deux l'histoire du monde et à se surpasser fatidiquement jusqu'à l'intronisation de "l'homme total", voire du surhumain, en qualité de "maître de la Terre".

Il nous semble que cette percée généalogique soumettant la Tradition occidentale à un décodage en profondeur, dépasse en altitude, de par sa radicalité intégrale et sa distanciation intensive, la devise phénoménologique affichant le « retour aux choses elles-mêmes » comme étant son premier article de foi. Aussi notre projet s'inscrit-il en faux contre ceux qui, en se fondant sur les prémisses de leurs interprétations polarisantes, réductrices et, partant, déformantes, se réclament d'un Nietzsche médusé, dépouillé de son dispositif et englouti, sous l'effet d'un abus de langage, dans les artifices de la métaphysique de la subjectivité.

Heidegger réduit littéralement la pensée foudroyante de l'éternel retour du même à une figure déguisée de la parou-

---

10 Nietzsche, *Par-delà bien et mal*, trad. fr. par C. Heim, Paris, Idées/Gallimard, 1973, §34, p. 53.

sie de l'étant. « Quand Nietzsche par exemple, écrit Heidegger, enseigne l'éternel retour de l'identique, il est bien éloigné de tout soupçon de théologie dogmatique, et pourtant sa doctrine n'est encore qu'une interprétation déterminée du fondement de l'étant dans son ensemble[11] ».

Nietzsche se trouve ainsi dépouillé de l'indépendance qu'incarne la joute de son esprit libre, mettant en péril le caractère irréductible de son œuvre. C'est cette même mésinterprétation qui l'a engouffré, avant même Les Conférences de Cassel – 1925 », dans les abîmes insondables de l'étrangeté et du contresens par rapport au telos intrinsèque ou déclaré de Nietzsche. C'est à l'antipode de ce détournement que nous mettons en œuvre un dispositif opératoire visant à replanter Nietzsche dans la trame de ses messages cryptés.

Cette reconnaissance, par rapport à l'œuvre, s'efforce de réconcilier Nietzsche avec ses propres élans les plus intimes afin que ses "héritiers parfaits" puissent se charger de continuer ses traditions, lui permettant ainsi de pérégriner de nouveau dans l'intempestif. C'est par la résurrection de l'ombre qu'il était lui-même de son vivant que Nietzsche pourra renaître de ses cendres, en ayant cette co-naissance dont ne sont dignes que les rares qui naissent posthumes.

Notre visée, pour ce faire, consiste à reconduire Nietzsche vers son propre chemin de pensée généalogique qui fourmille justement de questions les plus fatales. L'ouverture d'une brèche dans ce sens se place sous le signe du problème ou, mieux encore, de l'antithétique qui puise dans la signification originaire du *Kri-nèin* la part maudite de son insociable légalité. Remarquons donc que cette orien-

11 Heidegger, *Schelling...*, tr. fr. par J.-F. Courtine, Paris, Gallimard, 1977, p. 143.

tation voudrait être subversive, là où elle permet de revoir Nietzsche, autrement qu'être, libéré ''en puissance'' de la grammaire obsolète de la métaphysique. C'est dans cette perspective que Nietzsche pourrait se présenter, à la place de Heidegger, comme l'architecte d'un projet décisif dont le telos n'est que « la fin de la philosophie et la tâche de la pensée[12] ».

L'interprétation de Heidegger, qui consiste à soumettre le corpus nietzschéen à un découpage technique et donc abusif, verse dans un jeu macabre limant les reliefs de l'interprétation et condamne, par là-même, la pensée de l'éternel retour de l'identique à une espèce de fossilisation forcée, la renvoyant au "panthéon" bimillénaire de la métaphysique transmuée désormais en technique. Ce genre de mésinterprétation aiguisée, véhiculant une mésentente souterraine avec Nietzsche, témoigne de l'implacable machine de Heidegger qui a contribué à la décentration du génie nietzschéen.

Hanté par la grandeur énigmatique de Friedrich Nietzsche, de l'idiosyncrasie de l'homme dont l'œuvre n'était que son double ou bien plutôt l'ombre convoitée de sa propre personne, Martin Heidegger trahit sans la moindre pudeur sa convoitise la plus acharnée et se voit, par conséquent, réduit à sa dimension individuelle d'homme, d' "humain, trop humain", ancré comme par instinct dans l'amour de soi et le désir solipsiste de briller en gigantisme.

Le projet dont l'intensité tranchante me semble traduire l'originalité de l'enjeu en question – hormis son investissement dans différentes directions par certaines figures de la

12 M. Heidegger, *''La fin de la philosophie et la tâche de la pensée'', in Kierkegaard vivant*, Colloque organisé par l'Unesco à Paris du 21 au 23 avril 1964, Paris, U.N.E.S.C.O., 1966, p. 167.

philosophie contemporaine, tout particulièrement par Jacques Derrida et François Laruelle – consiste à retourner anachroniquement ou bien, à titre posthume, "Nietzsche contre Heidegger".

L'affaire Nietzsche/Heidegger ne relève-t-elle pas d'un différend qui touche, à la limite extrême, le sens du couplage autobiographique de la démarche philosophique qui, du fond même de son ubiquité transversale, et alors même qu'elle guette « tout ce qui dans l'existence dépayse et fait question », dégage aux yeux de Nietzsche « un air des hauteurs, un air mordant » mettant audacieusement en pièces « (…) l'histoire cachée des philosophes, la psychologie de leurs plus grands noms…[13] ».

La polémique qui jaillit d'emblée du fond même de cette affaire porte sur les raisons qui auraient dicté à Heidegger l'inconditionnelle subsomption de l'Œuvre nietzschéenne filtrée par les structures de la logique hégélienne, et enfilée de force dans la trame systématique de la question de l'Etre, redevenue moderne et pivotant autour de la thématique de la subjectivité promue au rang de l'*hypokeimenon* inconditionné du savoir supportant l'être de l'étant.

Peut-on dès lors récuser le fait que Nietzsche ne rentre que difficilement dans le moule de la Métaphysique de la Subjectivité, telle qu'elle se trouve interprétée par Heidegger, c'est-à-dire dans le sens d'une volonté de la volonté, d'un *ego volo*, rendant l'écho du "désir du désir" chez Thomas Hobbes, par quoi se démarque l'être humain de l'animal confiné dans les limites prédéterminées de son propre organisme ? Notons, par ailleurs, que l'*homo natura* ne trahit aucunement, chez Nietzsche, une tendance régressive rele-

---

13 Nietzsche, *Ecce homo*, tr. fr. par J.-Cl. Hémery, Paris, Gallimard/ Idées, 1974, avant-propos, §3, p. 11.

vant d'un darwinisme à rebours. Au contraire, il s'agit d'un *fondamentum inconcassum* spécifiquement nietzschéen validant l'idée de l'innocence du devenir, seul censé ordonner à l'homme, comme le disait en substance Philippe Granarolo, de rassembler ses images fragmentaires, et d'expérimenter cruellement, comme l'atteste le sous-titre *d'Ecce homo*, « comment on devient ce que l'on est ».

2 - La déportation historiale de Nietzsche: L'herméneutique de Heidegger face au destin de l'esprit libre

Dans un essai tardif qui date de 1987 et dont le titre original est *Nietzsche – der Antipode*, Hans-Georg Gadamer, le plus remarquable des héritiers du mouvement herméneutique, reconnaît modestement qu'il n'est « (...) ni un spécialiste de Nietzsche, ni un penseur aussi original que Heidegger, qui s'est construit son propre Nietzsche[14] ». Loin d'être anodin, ce témoignage semble inciter à suivre l'exemple de Heidegger dans son style de modelage d'un Nietzsche qui soit propre à lui. C'est la grandeur inouïe de ce penseur hors pair qu'est Nietzsche qui aurait attiré l'attention d'un Heidegger pris désormais dans le guet-apens des retombées de son *Discours* de *Rectorat*, voire dans les "rets artificieusement ourdis" par les idéologues du national-socialisme.

Les raisons présumées du penchant que Heidegger avait eu pour Nietzsche, c'est entre autres Rüdiger Safranski qui a essayé de les tirer au clair. Il s'agit, d'après Safranski, d'une lecture subversive dans laquelle Heidegger avait mis « (...) à profit la reconnaissance officielle de Nietzsche par

14 Hans-Georg Gadamer, *Nietzsche l'antipode – Le drame de Zarathoustra*, tr. fr. par C. David, éd. Allia, Paris, 2000, p. 10.

le régime pour présenter au public un "autre" Nietzsche, un Nietzsche non idéologue, et développer sur ses traces des idées qui pouvaient faire exploser le cadre idéologique, ou au moins ne se laissaient pas limiter par lui[15] ».

S'agit-il alors, dans le cas de Heidegger, d'une "résistance spirituelle" à l'idéologie du monstre totalitaire qu'incarne le régime nazi ou plutôt d'une tentative désespérée de se disculper de l'accusation de son enrôlement dans le parti d'Hitler ? L'ontologie politique de Heidegger risque ainsi de lui faire payer le prix d'un tel engagement peu réfléchi dans la cause du nazisme, qui s'est avéré funeste à ce piètre politique.

Nous nous sommes tentés, toutefois, de prouver que l'Œuvre de Heidegger se donne, sans être réellement forcée, pour une "apologie de l'hitlérisme", mais de montrer a contrario que le Nietzsche qui avait tant souffert post mortem de l'enrôlement idéologique auquel on l'avait acculé, en l'apparentant au national-socialisme, est le même que celui qui s'est plié sous l'ordre de Heidegger à une déportation historiale dissimulant totalement l'élément intempestif de sa philosophie.

C'est par cet enclavement épochal de l'esprit libre de Nietzsche que Heidegger décide de faillir au devoir dont la responsabilité exécutoire relève, d'après Nietzsche lui-même, de l'engagement personnel de tout philosophe. « Qu'exige un philosophe, écrivait Nietzsche, en premier et dernier lieu, de lui-même? De triompher de son temps, de se faire "intemporel"[16]».

15 Rüdiger Safranski, *Nietzsche –Biographie d'une pensée*, tr. fr. par N. Casanova, Paris, Actes Sud, 2000, p. 314.

16 F. Nietzsche, *Le cas Wagner suivi de Nietzsche contre Wagner*, tr. fr. par J.-Cl. Hémery, Paris, Idées/Gallimard, 1974, Avant-propos, p. 10.

Le « Nietzsche déporté » et manipulé au moyen de l'appareillage séquestreur de l'herméneutique heideggérienne se trouve confiné dans les contrées lointaines d'une métaphysique moribonde. Ce même Nietzsche se voit privé, suite à cette pérégrination aveuglante, du droit de cité dans le royaume de la sagesse artistique dont il a acquis le mérite grâce aux multiples voix dithyrambiques qu'expriment les parodies d'inspiration poétique de l'auteur d'*Ainsi parlait Zarathoustra*.

Heidegger n'avait fait ainsi que barrer la route à l'avènement d'une telle sagesse dionysiaque dont "l'atmosphère d'esthétisme" témoigne de ce qu'on n'avait que rarement réussi à puiser dans Nietzsche. Notons aussi que Heidegger a tout fait pour camoufler l'alchimie d'une union dont était sujet Nietzsche et qu'incarne merveilleusement son œuvre, voire le métissage inouï de l'*homo aestheticus* et de l'*homo ludens*. Jacques Sojcher marque sa reconnaissance du génie artistique de Nietzsche qui touche à la démesure : « Rien qu'un fou ! Rien qu'un poète !...[17]».

Nous sommes loin du "superficiel" et du "nuageux"[18] auxquels Heidegger s'est arrêté. C'est pourquoi Heidegger déplore l': « (...) impuissance (de ses devanciers) à partir de cette connaissance pour réintégrer simplement la métaphysique nietzschéenne dans le cours de la métaphysique moderne, au lieu d'en faire un phénomène littéraire

17 « Ça -- le prétendant de la vérité? Non ! Un fou seulement ! Rien qu'un poète ! Aux paroles bigarrées, dont les cris sortent de masques de fous, grimpant sur des ponts d'arcs-en-ciel embrumés --- » Voir F. Nietzsche, *Fragments posthumes*, *OPC.*, Paris, Gallimard, 1982, tome XI, §. 31[31], p. 94-95.

18 M. Heidegger, *Essais et conférences*, tr. fr. par A. Préau et préfacé par J. Beaufret, Paris, Tel/Gallimard, 1990, p. 94.

qui échauffe les têtes plus qu'il ne clarifie les pensées, plus qu'il ne rend perplexe et même peut-être qu'il n'effraie[19] ».

Heidegger s'insurge effectivement contre ceux qui ne prennent pas l'historicité ou «(...) le sens historique de la suprématie commençante de la vérité comme certitude[20] », pour l'unique optique appropriée à contourner la métaphysique nietzschéenne de la volonté de puissance, et à la situer par rapport à la culture déclinante de l'Occident. Or, la détermination de Heidegger consistant à ne scruter la pensée de Nietzsche qu'à l'aune des catégories de l'héritage métaphysique trouve son explication dans ce que Michel Haar a dévoilé, au sein de son étude intitulée « Structures hégéliennes dans la pensée heideggérienne de l'Histoire[21] » comme des séquelles d'une "parenté" ou même "proximité" avec Hegel.

Heidegger cherche, par ailleurs, à justifier son interprétation de Nietzsche, en creusant un fossé qui la sépare de ce que l'opinion commune se paye au sujet de la démarche subversive de l'auteur du Crépuscule des idoles. « Dans la représentation courante et banale, Nietzsche passe pour le révolutionnaire qui nie, détruit et prophétise. Certes, tout cela compose son portrait ; et ce n'était pas là un rôle qu'il ne faisait que jouer, mais c'était une intime nécessité de son époque. Or, l'essentiel du révolutionnaire n'est pas d'opérer le retournement en tant que tel, mais de porter à la lumière ce que le retournement comporte de décisif et de spécifique[22] ». Il nous semble utile de noter que les propos de Heidegger

19 Ibidem, op.cit.

20 Ib.

21 Il s'agit d'un article publié dans la *Revue de métaphysique et de morale*, N°85, 1980, p. 48...

22 Heidegger, *Nietzsche I*, trad. fr. par P. Klossowski, Paris, Gallimard, 1971, p. 26.

visent à effacer le qui je suis de Nietzsche, de ce ''soi-même comme un autre" dont l'œuvre témoigne de son altérité radicale. C'est dire que Heidegger tient, à tout prix, à étouffer le ton autobiographique de Nietzsche. Qui ose nier que l'œuvre de Nietzsche n'était que le fruit d'une situation-limite perpétuelle qui a débouché sur sa démence ? « Je vis du seul crédit que je m'accorde. Peut-être même mon existence est-elle un préjugé[23] ? », y a-t-il de plus convainquant que cette phrase pour prendre au sérieux, concernant Nietzsche, la symbiose ésotérique de l'homme et l'œuvre ?

Il se peut que Heidegger ait vraisemblablement vécu avec le mal d'être sûr de ne pouvoir philosopher à la manière de Nietzsche, de se sentir le contraire d'un hyperboréen, l'antipode de Dionysos. A l'instar de ceux qui défendent l'idée de l'art pour l'art, Heidegger se range, nous semble-t-il, du côté de ceux qui préconisent la philosophie pour la philosophie, badinant de loin avec le sens des subtilités de la casuistique et des sacro-saintes arguties de la dogmatique chrétienne.

L'engagement philosophique de Heidegger ne s'arrime apparemment qu'avec l'esprit de son ontologie fondamentale dont ne rendent les échos que les murailles de l'Université allemande. Si l'on pouvait confronter Heidegger "au problème de l'être et du non-être", il serait de ceux qui avaient « avec une lucidité parfaitement troublante choisi l'être à tout prix (...)[24] » A supposer que Nietzsche soit vivant et capable de juger Heidegger discourir dans la philosophie, n'est-on pas fondé à le voir démasquer chez ce dernier « l'imposture d'une pensée impersonnelle, purement objec-

23 Nietzsche, *Ecce homo*, trad. fr. par J.-Cl. Hémery, Paris, Idées/ Gallimard, Avant-propos, §1, p. 9.

24 F. Nietzsche, *L'Antéchrist*, tr. fr. par D. Tassel, Paris, UGE, 10/18, frag. 24, p. 36.

tive – figure, à ses yeux, de la barbarie moderne -, celle de "grenouilles pensantes aux entrailles frigorifiées"[25] ».

Il est évident que Nietzsche a été déçu par les faux-philosophes et les philistins de la culture qui avaient trahi la philosophie, par leur opposition aux esprits libres qui "commandent et qui légifèrent", c'est-à-dire ceux qui savent "se garder" et tentent, tout de même, de vivre dangereusement selon les décrets de leur sagesse. « Nul ne peut avoir l'audace, écrit-il, d'accomplir en soi la loi de la philosophie, personne ne vit de manière philosophique avec cette loyauté élémentaire qui obligeait un Ancien, où qu'il fût et quoi qu'il fît, à se comporter en stoïcien s'il avait un jour juré fidélité au Portique[26] ».

Nous comprenons là pourquoi Heidegger s'est consacré à effacer méticuleusement les traits les plus saillants de l'idiosyncrasie du créateur d'Ainsi parlait Zarathoustra, en faisant passer les figures de sa sagesse prophétique pour une ruse de poète. Or, la sauvagerie du texte nietzschéen, tirant ses titres de noblesse de "l'intrication de ses contradictions", corrobore l'idée qu'on s'est faite de "Nietzsche l'intempestif". Il s'agit d'un philosophe iconoclaste dont le style de pensée traduit, par ses déploiements, les avatars de l'interprétation. Dans cette même optique, Eric Clémens constate l'étrangeté créatrice d'un philosophe hors pair : (...) Nietzsche provoque une méconnaissance nécessaire, calculée par (son absence de vérité), sans que ces mots puissent se recevoir simplement[27] ...».

---

25 P. David, *« Dieu est mort » - Friedrich Nietzsche 1844-1900*, Paris, La Martinière/Xavier Barral, coll. Voix, 2003, p. 7.

26 Nietzsche, « *La philosophie à l'époque tragique des Grecs* », *in Ecrits Posthumes 1870/1873*, tr. fr. par J.-L. Backes..., Paris, Gallimard, 1975, §2, p. 219.

27 E. Clémens, « *De la lecture à l'histoire, intempestive* », *in Nietzsche*

L'étrangeté du texte nietzschéen s'exprime à travers une décentration qui expose les vocables à un martèlement de grand style, produisant l'écroulement des idoles éternelles. Eric Blondel tire au clair les jeux de langage qui animent les écrits de Nietzsche: « (...) ce que nous lisons de Nietzsche présente des traits spécifiques d'écart que, par opposition au discours, nous appellerons texte. (...) Si le langage comme discours est métaphysique, en revanche le texte est Versuch, devenir, corps, interprétation[28] ».

Pour conclure, nous sommes persuadés que l'unilatéralité de Heidegger ne consiste pas uniquement à prendre la pensée de Nietzsche pour un « avatar de la manipulation subjective technique » et à en réduire la philosophie « à un moment de l'histoire de l'être – ou de l'oubli de l'Être[29] », mais surtout à entériner l'identité prétendue de la philosophie et de la métaphysique dont Heidegger annonce la fin.

Nietzsche avait d'ores et déjà affiché son projet de dépassement de la métaphysique, mais sans annoncer, au même titre, la fin de la philosophie. Bien plus, les voix de celui-là s'accordent à augurer l'avènement d' « une nouvelle race de philosophes » baptisés « tentateurs » ou « bâtisseurs » de l'avenir. Ajoutons également que Nietzsche avait découvert, avant Alain Badiou, l'auteur du Manifeste pour la philosophie, que « nous pouvons redéployer la philosophie », en-deçà de toutes les ratiocinations objectivantes relevant d'un anthropomorphisme éphémère.

---

aujourd'hui?, Colloque du Centre Culturel International de Cerisy-la-Salle(Juillet 1972), U.G.E., 10/18, 1973, tome 2, *Passion*, p. 403.

28 E. Blondel, *Nietzsche – le corps et la culture*, Paris, PUF, 1986, pp. 33-44.

29 *Ibid.*, p. 12.

Chapitre II

Entre Merleau-Ponty et Nietzsche

Ou philosopher dans l'abysse

La présente étude voudrait répondre à une sorte de tentation qui s'inscrit dans la grande école de « l'ère du soupçon ». L'investigation est sans doute périlleuse du fait qu'elle consiste à prouver, en dépit d'une quasi-absence de référence de Merleau-Ponty à Nietzsche, l'existence d'une somme d'affinités électives liant ces deux philosophes. Nous reconnaissons que si nous n'avons pas le droit de les ranger dans la même lignée philosophique, nous sommes néanmoins enclin à considérer leur parenté recherchée comme un lien d'« âmes sœurs » qui « se saluent de loin[1] ».

D'abord, rien ne semble autoriser l'hypothèse d'une concordance intellectuelle entre ces deux figures philosophiques. Ensuite, la conviction nietzschéenne du caractère intempestif de sa pensée nous interdit de confiner son œuvre dans les limites de la culture germanique et de l'Université allemande. Soulignons que la postérité de Nietzsche est foncièrement européenne. Il était l'interlocuteur non seulement

1 Arthur Schopenhauer, *Ils corrompent nos têtes*, trad. fr. Auguste Dietrich, Circé, 1991, p. 7.

de ses devanciers les plus habiles en matière de rhétorique, mais surtout de ceux à qui s'offrira, à titre posthume, l'occasion de croiser son Œuvre et scruter la richesse et l'intensité de sa pensée. Reconnaissons qu'il y a eu bien avec Nietzsche un dialogue intempestif. La présence ubiquitaire de Nietzsche atteste la grandeur de sa pensée philosophique et, partant, de la sublimité de ces dialogues qu'il ne cesse d'entretenir et de promouvoir avec les grands philosophes. « Les géants, écrit-il, s'interpellent à travers les intervalles désertiques de l'histoire et, sans qu'il soit troublé par les nains insouciants et bruyants qui continuent à ramper au-dessous d'eux, leur sublime dialogue entre esprits se poursuit[2] ».

Mais à quel genre de dialogue inviter Nietzsche et Merleau-Ponty? « Nietzsche est-il phénoménologue? » C'est par cette interrogation en toute vraisemblance décisive que Jocelyn Benoît a eu le flair de confronter Nietzsche, à travers sa phénoménologie de l' « apparence », avec la percée de la lecture phénoménologique de Kant, mise en œuvre par Heidegger dans son interprétation de l'histoire de l'Etre et de la vérité comme dévoilement.

Le problème qui nous intéresse, en premier lieu, dans ce sillage phénoménologique est de savoir comment la pensée de Nietzsche peut bien être en recoupement avec la phénoménologie post-husserlienne, à partir de laquelle Merleau-Ponty a élaboré sa philosophie de la perception. Il s'agit, en second lieu, de chercher à savoir si l'œuvre de Merleau-Ponty ne dissimule pas plutôt une sorte de continuité souterraine avec l'œuvre de Nietzsche, au point d'y soupçonner une espèce de « nietzschéisme » souterrain et

---

2 F. Nietzsche, « *La philosophie à l'époque tragique des Grecs* », trad. fr. J.-L. Bakes et autres, in *Ecrits posthumes 1870/1873*, Paris, Gallimard, 1975, p. 215.

constamment refréné. Il est, toutefois, loisible d'essayer de tirer au clair l'affaire de cet entrelacement souterrain et inavoué de la pensée de Merleau-Ponty avec celle de Nietzsche, et d'intensifier l'ordre d'exhumer les icônes implicites qui commandent leur communion muette ou, tout au moins, silencieuse.

L'un des signes - je dirais l'un des symptômes - de l'entrelacs de ces deux expériences de la pensée philosophique apparaît à travers la consécration faite par Nietzsche et Merleau-Ponty à ce qui nous lie à ce monde-ci, c'est-à-dire aux thèmes de la terre et du corps. « Merleau-Ponty, écrit Xavier Tilliette, s'efforçait d'être le "sujet voué au monde" qu'il a infatigablement décrit. Rien que la terre[3] ! » Nietzsche, de son côté, nous fait savoir que le corps n'est plus l'orphelin pourchassé par le Logos des cieux des Idées et des esprits, tout au contraire, c'est de son existence néanmoins évanescente que la terre puise le sens de son objectité ultra-tellurique.

Nietzsche n'hésite pas, de surcroît, à prévenir que: « Commettre un crime contre le corps équivaut (...) à commettre un crime contre la terre et contre le sens de la terre. Malheur aux infortunés pour qui le corps semble mauvais, et la beauté diabolique[4]! » Or, il est opportun de penser immédiatement à Zarathoustra qui a sacrifié sa vie dans le but d'assurer aux enfants de la Terre l'avenir contrasté de leur liberté. Ces derniers deviendront maîtres d'eux-mêmes face aux contempteurs de la vie dont la perfidie consiste, depuis des millénaires, à dénigrer le monde au profit d'une "huma-

---

3 X. Tilliette, « *Merleau-Ponty ou la mesure de l'homme* », in *Archives de philosophie*, tome XXIV, Cahier III-IV, Juillet/Décembre, 1961, p. 399.

4 F. Nietzsche, *Fragments posthumes,* trad. fr. par A.-M. Astrup, Paris, Gallimard, 1997, *tome IX, 5[30]*, p. 235.

nité méprisable et vénale", tiraillée paradoxalement entre la crainte de la mort et la croyance pathétique du paradis perdu.

Le témoignage de Xavier Tilliette révèle l'attachement de Merleau-Ponty à ce monde-ci et, singulièrement, au thème du corps propre. Ce corps qui était considéré par Nietzsche comme « (...) un composé bien plus parfait que n'importe quel système de pensées ou de sentiments et même à mettre beaucoup plus haut qu'une œuvre d'art[5] ». Ce même corps humain qui n'a rien à voir avec la matière inerte, Merleau-Ponty l'a élevé au rang de " loi efficace" de ses propres "changements" et consacré comme un "nœud de significations vivantes", « comparable (en cela) à l'œuvre d'art[6] ».

Il est assuré que c'est en rapport avec le thème de la corporéité que Nietzsche et Merleau-Ponty avaient décidé, chacun de son côté, de philosopher en qualité de psychologue des profondeurs ou de spéléologue de l'être entendu désormais comme corps-propre. Aussi appartiennent-ils tous les deux à la figure devenue emblématique d'un "platonisme renversé". Tous les deux ne pouvaient que destituer Platon dont "l'allégorie de la caverne" dénie, non seulement la possibilité de "philosopher en abysse", mais encore la capacité de saisir les choses sans qu'elles ne passent, sous l'égide de l'Intelligible, au crible des Idées et ne parvenir à se réfléchir que dûment réduites à une pure abstraction noétique.

---

5 F. Nietzsche, *Fragments posthumes,* trad. fr. par J. Launay, Paris, Gallimard, 1982, tome *X, 25 [408],* p. 136.

6 M. Merleau-Ponty, *Phénoménologie de la perception*, Paris, Tel / Gallimard, 1945, pp. 175-177.

Comment déceler au sein de la philosophie de Merleau-Ponty les traces de son grand silence sur Nietzsche ? Il est probable que Merleau-Ponty soit l'un des héritiers de la pensée nietzschéenne du corps, d'autant plus que les plis de la pensée originaire de l'affect trouvent l'expression de leur développement phénoménologique dans la foi perceptive, traduisant les caractéristiques et les variations du corps.

Admettons que Nietzsche a été le premier à avoir vivifié et intensifié les structures de l'affectivité, séquestrées et mises en sourdine par la différentiation morale et platonicienne interposée entre le monde sensible et le monde intelligible. Cette tâche philosophique consiste à réhabiliter les sens et à les réintégrer dans un champ perspectiviste du savoir, dans lequel la raison n'est déjà plus maîtresse du lieu. « (…) le philosophe, écrit Nietzsche, plus que personne, a droit au "mauvais caractère" parce qu'il a toujours été la plus grande dupe de la terre (…) Il a aujourd'hui le devoir de se méfier, de darder sur le monde, du fond de tous les gouffres du soupçon, le regard le plus malintentionné[7] ».

Le philosophe du marteau supplante toute une Tradition philosophique, rivée à l'idée centrale de Vérité. Nietzsche braque le dispositif de son soupçon dans la direction des philosophes de la conscience, aux yeux desquels le domaine de l'affect ou de l'impulsif ne peut avoir droit de cité qu'à condition de se soumettre au préalable au moulage des catégories et des identités formelles de la Raison spéculative.

Merleau-Ponty, de son côté, dénonce cette même Raison qui s'appuie sur une systémique aux consonances plutôt casuistiques, voire "sans chair". « (…) la conscience constituante, écrit-il, est l'imposture professionnelle du

7 Fr. Nietzsche, *Par-delà bien et mal*, trad. fr. C. Heim, Paris, Idées / Gallimard, 1983, §34, p. 53.

philosophe[8]... » Il rejoint, de ce fait, Nietzsche, couronné déjà comme grand maître de l'ère du soupçon. Une telle affinité ne témoigne-t-elle pas à travers l'œuvre de Merleau-Ponty d'une réappropriation, pour le moins, discrète du legs de Nietzsche ?

Les traces de cette présence de Nietzsche au cœur de la problématique de Merleau-Ponty - présence du genre du clair-obscur - ne nous empêchent pas de souligner les points d'articulation, où viennent se nouer les notions fondamentales de ces deux philosophies respectives. En lisant Merleau-Ponty, les traces d'une filiation iconique avec Nietzsche se dégagent au fur et à mesure que se dessinent les figures de la pensée merleau-pontyenne. C'est dans cette perspective que nous voyons émaner le relent réprimé du souffle nietzschéen en sa problématique et en son langage.

En revanche, sous les ombres de ce "Nietzsche" pris dans l'esprit et dans la lettre, et dont la figure emblématique se confond avec l'annonciateur de la mort de Dieu, - mort à laquelle Merleau-Ponty ne s'est jamais manifestement associé -, nous croyons saisir un autre "Nietzsche" indicible, déclaré *personna* non *grata* dans les espaces universitaires, dont la consécration risquerait donc de valoir pour un académicien, tel Merleau-Ponty, une dénonciation et probablement une condamnation. Au demeurant, Merleau-Ponty n'a-t-il pas rangé Nietzsche « sous la rubrique de l'irrationalisme »? « "Husserl, écrit Merleau-Ponty, paraît avoir ignoré Nietzsche et tout l'irrationalisme"[9] ».

---

8 M. Merleau-Ponty, *Signes*, Paris, Gallimard, 1960, p. 227.

9 Pascal David, « *Dieu est mort* », *Friedrich Nietzsche 1844-1900*, choix établi et présenté par P. David, la Martinière/X. Barral, coll. Voix, 2003, p. 7. Voir aussi la citation de P. David dans M. Merleau-Ponty, Notes de cours 1959-1961, Paris, Gallimard, 1996.

Nous voilà avec un Nietzsche qui, s'il n'est pas littéralement ignoré, se trouve, pour être taxé d'irrationalisme, exclu du champ de la philosophie. Mais on peut aller plus loin pour trouver un Nietzsche supplanté par Bergson. En effet, si l'on pense au vocabulaire de Bergson, notamment l'intuition de la durée, la théorie de l'élan vital et sa conception du changement et de l'imprévisibilité du devenir, nous aurons de quoi soutenir la remarque de Michel Foucault, assurant que « (...) la chevauchée de l'évolution créatrice a conjuré la danse bondissante de Nietzsche[10] ». C'est dire qu'en dépit de cette fuite en avant réalisée par l'intuitionnisme bergsonien, la pensée nietzschéenne a fini par modeler la réception merleau-pontyenne de Nietzsche, en y interposant celle de Bergson.

Dans l'introduction de son ouvrage traitant de Bergson, Jean-Louis Vieillard-Baron a remarqué que l'œuvre prestigieuse de Bergson « (...) est la clef pour comprendre l'évolution de la philosophie, surtout en France, au XX è siècle. Les auteurs qui l'ont le plus critiqué, comme Sartre et Merleau-Ponty (dans ses premiers ouvrages), lui sont très largement redevables des cadres mêmes de leur réflexion[11] ».

Remarquons que l'essor qu'a connu le courant existentialiste français sur la scène philosophique a été le fruit d'une mise en pièces du bergsonisme. Le spiritualisme positiviste de Bergson s'est aussi avéré incapable d'endiguer les poussées irrésistibles de la "philosophie inouïe et insolente" de Nietzsche. Il s'agit d'une philosophie aiguillée par l'idiosyncrasie d'un "mythomane", ivre de Dionysos, de ce dieu

10 Michel Foucault, « *Une histoire restée muette* », in *Dits et Ecrits*, I, 1954-1975, édition établie sous la direction de D. Defert et F. Ewald..., Paris, Quarto/Gallimard, 2001, p. 573.

11 Jean-Louis Vieillard-Baron, *Bergson*, Paris, P.U.F., Que sais-je?, 1991, p. 4-5.

des bacchantes qui attire les exaltés « (…) sur des nouveaux chemins dérobés, vers des nouvelles danses[12] ».

Que dire aujourd'hui face au spectacle présentant Merleau-Ponty du côté des philosophes de la conscience qui ne peuvent que trembler devant les Maîtres du soupçon, parmi lesquels Nietzsche figure comme "figure de la contestation" ? La philosophie de la conscience, écrit Vincent Descombes, « (…) recouvre, dans l'usage, les doctrines de l'idéalisme traditionnel et celles des écoles plus récentes de la phénoménologie. Sont des philosophes de la conscience: Sartre aussi bien qu'Alain, Merleau-Ponty aussi bien que Brunschvicg[13] ».

Or, ce serait une erreur qui va à l'encontre de l'esprit de Merleau-Ponty que de prendre celui-ci pour un philosophe de la conscience et de la représentation, comme l'était Descartes ou même Husserl. D'ailleurs, il est à noter que Pascal Dupond, dans son ouvrage : *Le vocabulaire de Merleau-Ponty*, a à juste titre éliminé ces deux concepts de la philosophie de Merleau-Ponty pour qui, en effet, toute conscience est conscience incarnée, une conscience qui s'est faite chair ou corps-propre.

Par ailleurs, la notion de corps-propre se présente comme l'une des icônes de la communion de Merleau-Ponty et de Nietzsche ; communion silencieuse qui pourtant confirme non seulement une convergence d'ordre thématique, mais surtout une proximité d'esprit entre ces deux "philosophes du contretemps"* ou, encore, ces deux "métèques du

---

12 Sarah Kofman, *Nietzsche et la métaphore*, Paris, Payot, 1972, p. 7.

13 Vincent Descombes, « *Le moment français de Nietzsche* », in *Pourquoi nous ne sommes pas nietzschéens*, Paris, Grasset / Fasquelle, 1991, p. 108.

concept"*[14] que réunit un seul et même article de foi, à savoir la "reconquête du sensible"[15].

Du côté de Nietzsche, le renversement du platonisme exige la "plus haute tension" d'une pensée dont le dispositif philologique et psychologique vise à dévoiler «(...) la face obscure du mouvement d'élaboration, dans l'histoire, des valeurs morales, du phénomène religieux, de la science[16]... » C'est à partir de là que Nietzsche s'attaque à un monde devenu fable, dans lequel il y a plus d'idoles que de réalités.

Du côté de Merleau-Ponty, cependant, nous assistons à un réapprentissage de la vision du monde, mais paradoxalement à partir d'un "platonisme à rebours"[17]. C'est dire combien le rapport Nietzsche/ Merleau-Ponty est, sinon contradictoire, du moins ambigu.

Le 10 Septembre 1951, Merleau-Ponty a participé aux Rencontres Internationales de Genève par une conférence portant le titre de : « *L'homme et l'adversité* ». En marge de cette conférence, Jean Wahl a signalé un certain silence observé par Merleau-Ponty à l'endroit de la pensée de Nietzsche. « Merleau-Ponty, disait Jean Wahl, a parlé de Valéry, de Gide, mais on aurait aussi bien pu évoquer des

14 Les deux expressions marquées chacune d'une étoile sont extraites d'un dialogue tournant autour du marxisme, entre J. Derrida et D. Bensaïd, reproduit dans un ouvrage intitulé *Sur parole – instantanés philosophiques*, L'Aube, 1999, p. 115-117.

15 Renaud Barbaras, *Merleau-Ponty*, Paris, Marketing S.A., Ellipses, 1997, p. 5.

16 *Lectures de Nietzsche*, collectif dirigé par Jean-François Balaudé et Patrick Wotling, Avant-propos par J.-F. Balaudé, Paris. L.G.F., Le Livre de Poche références, 2000, p. 6.

17 R. Barbaras, *Merleau-Ponty*, Paris, Marketing S.A., Ellipses, 1997, p. 5.

philosophes antérieurs, Feuerbach, Nietzsche – qui parle du "grand corps" par opposition au corps tel qu'on se le figure d'ordinaire[18] ».

En réponse à ces propos de Jean Wahl, Merleau-Ponty ne prononce même pas le nom de Nietzsche, alors qu'il peut écrire, par ailleurs, dans Phénoménologie de la perception: « Je suis une structure psychologique et historique. J'ai reçu avec l'existence une manière d'exister, un style. Toutes mes actions et mes pensées sont en rapport avec cette structure, et même la pensée d'un philosophe n'est qu'une manière d'expliciter sa prise sur le monde, cela qu'il est[19] ».

Nous savons, par ailleurs, que les deux penseurs en question avaient tout fait pour neutraliser les raisons ontologiques et épistémologiques par lesquels se justifie le dénigrement métaphysique du corps. Le corps renvoie, chez Nietzsche, à l'affect dont la réhabilitation vise à radicaliser « (…) le statut, écrit Patrick Wotling, de la sensibilité pour constituer une théorie de l'affectivité entièrement renouvelée[20] ». Ce glissement mis à l'épreuve de la perspective interprétative du physiologique anéantit la primauté chimérique de la raison et de la conscience réflexive. « Derrière tes pensées et tes sentiments, écrit Nietzsche, il y a ton corps, et ton soi dans le corps: le *terra incognita. Dans quel but* as-tu telles pensées et tels sentiments? Ton soi, dans ton corps, veut, par ce biais, quelque chose[21] ».

---

18 M. Merleau-Ponty, « *Annexe – L'homme et l'adversité* », in *Parcours Deux 1951-1961*, Paris, Verdier, 2000, p. 326-327.

19 Ib., *Phénoménologie de la perception*, Paris, Tel/Gallimard, 1976, p. 519.

20 P. Wotling, « *Nietzsche* », *in Le vocabulaire des philosophes, III, Philosophie moderne (XIX ème siècle)*, préface de B. Bourgeois, Paris, Ellipses, p. 649.

21 F. Nietzsche, *F.P.,* Paris, Gallimard, 1997, tome *X, Eté 1882/printemps 1884, 5 [31],* p. 235.

De son côté, Merleau-Ponty peut écrire que le corps humain ne se reconnaît plus dans la *res extensa*, substance étendue qui en fait un pur objet, un corps objectif qui ne correspond qu'au corps de l'animal, analysé et décomposé *partes extra partes*. Le corps ne se donne plus en terme d'avoir, il est l'être-même de l'homme témoignant de la puissance du sensible à même l'incrustation de la perception dans le flux vital du monde. « Etre corps, c'est être noué à un certain monde, (...) et notre corps n'est pas d'abord dans l'espace: il est à l'espace[22] ».

L'homme, ce composé d'âme et de corps, qui « s'accomplit à chaque instant dans le mouvement de l'existence » ne se comprend plus en termes de nature immaculée. Bien au contraire, sa facticité l'enracine dans le jeu du monde et le met à l'épreuve de ses vicissitudes. Merleau-Ponty rompt, suivant en cela Nietzsche, avec ceux qui se bouchent « les oreilles au moindre terme de physiologie », et prennent « l' "être humain sous l'épiderme" » pour « une horreur[23] ».

La déréliction de l'être-au-monde désigne la cruauté comme étant la quintessence même de la vie. Nous sommes habilités, dès lors, à admettre l'accord de Nietzsche et de Merleau-Ponty à l'endroit de l'interception de l'homme sous la figure ambiguë d' « (...) une unité signifiante profondément ancrée dans le réel[24] ». Nietzsche entrevoit une lutte titanesque entre l'instinct de la connaissance et l'instinct de la vie, au cours de laquelle l'homme se trouve déchiré entre deux penchants qui, depuis les origines, le condamnent à ne plus connaître de répit. « Ce que l'homme vit, ce dont il

---

22 M. Merleau-Ponty, *Phénoménologie de la perception*, p. 173.

F. Nietzsche, *Le Gai savoir – F.P., Eté 1881- été1882*, Paris, Gallimard, 1982, livre 2 ème, § 59, p. 96-97.

23

24 Arion-Lothar Kelkel, *Le legs de la phénoménologie –Réception/Appropriation/Métamorphoses*, Paris, Kimé, 2002, p. 232.

fait l'épreuve, écrit Nietzsche, il faut qu'il s'en donne une interprétation, quelle qu'elle soit ; et qu'ainsi il l'évalue[25] ». En accordant le primat à l'interprétation, Nietzsche sape les fondements épistémologiques de la subjectivité fondatrice du savoir. La question de la valeur se substitue à la question de l'être ou de l'essence. Le perspectivisme restitue le pluralisme qu'illustrent le chaos des forces et le jeu des volontés de puissance. C'est là où le philosophe se propose comme tâche le déchiffrement du texte hiéroglyphique de la réalité. Merleau-Ponty s'inscrit a fortiori dans la lignée de ces déchiffreurs de la posture énigmatique du monde. « (...) la philosophie, écrit-il, devient la tentative, par-delà la logique et le vocabulaire donnés, de décrire cet univers de paradoxes vivants[26] ».

Il ne fait plus de doute que Merleau-Ponty partage avec Nietzsche divers éléments propres à instituer une pensée de l'excédent dont la visée consiste à déjouer les schèmes métaphysiques tributaires de l'épistémè du *subjectum*. « En tout cas, l'apport essentiel de la philosophie merleau-pontyenne, disait Socratis Délivoyatzis, consiste dans une sorte de "dessaisissement" de la subjectivité pensante et dans sa dépendance à l'égard d'un *Lebenswelt* ou d'un courant d'existence possédant lui-même son propre sens.

Ainsi une certaine affinité avec la pensée de Nietzsche (...) se dessine-t-elle : malgré les différences, il y a un souci constant de démystification et de sécularisation de la rationalité, une tentative de corriger et de détruire la conscience fausse soit par une évaluation ou transvaluation des valeurs,

25 F. Nietzsche, *Considérations inactuelles III et IV*, Paris, Gallimard, 1988, tome II, IV, 6 [41], p. 350.
26 M. Merleau-Ponty, *Résumé de cours - 1968*, p. 152, cité par S. Délivoyatzis dans son ouvrage *La dialectique du phénomène (Sur Merleau-Ponty)*, Paris, Méridiens / Klincksiek, 1987, p. 275.

soit (...) par une archéologie de la corporéité comme subjectivité naturelle, pouvoir perceptif de signification et d'expression[27] ».

Par ces remarques, nous signalons la nécessité de reprendre l'histoire de la philosophie afin de passer en revue la réception française de Nietzsche. Certes, la mort prématurée de Merleau-Ponty l'a privé de la possibilité d'engager à ce sujet un débat aux côtés de ceux qui, comme Michel Foucault et Gilles Deleuze, ont voulu « rendre à Nietzsche son vrai visage [28] ».

Dans son ouvrage intitulé *Nietzsche et les écrivains français,* Pierre Boudot prive inexplicablement Merleau-Ponty de tout droit de cité. D'autant plus que Jacques Le Rider* ne lui reconnaît aucune participation active à la réception française de Nietzsche. Donc, Nous pouvons généralement constater la marginalisation ou la présence subsidiaire de Merleau-Ponty dans *l'Histoire de la philosophie moderne et contemporaine – Figures et œuvres* , récemment publié par Jean-Michel Besnier. Ce dernier n'a accordé à Merleau-Ponty qu'un espace annexé dans le même article consacré à Edmund Husserl, ce qui veut dire qu'il ne le considère que comme une pure et simple variante résiduelle du courant phénoménologique d'origine allemande.

Par ailleurs, il nous semble que le silence de plomb qui a entouré, d'une part, Nietzsche au cours des années 40 du vingtième siècle, sur la scène philosophique française, est coupable d'une minimisation ou d'un amoindrissement de l'efficace de l'acte philosophique merleau-pontyen. Une

---

27 Socratis Délivoyatzis, *La dialectique du phénomène (Sur Merleau-Ponty)*, Paris, Méridiens / Klincksiek, 1987, p. 16-17.

28 M. Foucault, « *Entretien avec C. Jannoud* », *Le Figaro Littéraire*, n°1065, 15 Septembre 1966, p. 7.

situation peu justifiable qui serait à l'origine d'une déformation de l'histoire de la philosophie.

En conséquence, si Nietzsche est devenu une composante essentielle de la philosophie française au milieu des années cinquante, comme le note Jacques Le Rider[29], le nouvel essor connu par l'esprit dionysiaque dans le théâtre philosophique de la France de l'après-guerre traduirait la consécration de la figure prométhéenne, démiurgique tout autant que tragique, de "l'homme révolté".

La question qui s'impose ici est la suivante: la pensée de Merleau-Ponty n'aurait-elle pas rejoint celle de Nietzsche et ne s'en serait-elle pas constamment inspirée ? Merleau-Ponty ne doit-il pas à Nietzsche beaucoup plus qu'il ne le dit? Certes, la parenté de nos deux philosophes en question n'était guère à l'ordre du jour puisqu'un hiatus institutionnel semble les avoir paradoxalement séparés.

Ce hiatus institutionnel nous semble d'abord être de nature académique. Merleau-Ponty était, en effet, le modèle de l'Universitaire réussi. Son élection pour la chaire de philosophie du collège de France n'était probablement que le fruit d'un couronnement consolidant « une carrière universitaire exceptionnellement précoce et brillante[30] ». Il tenait tant à ne pas avoir, comme ce fut le cas de Bergson, l'Université contre lui. Par son attachement philosophique à Hegel, Merleau-Ponty se présente comme un réformiste, doté d'un esprit de réconciliation d'obédience hégélienne. « Hegel, écrit-il, est à l'origine de tout ce qui s'est fait

29 Jacques Le Rider, *Nietzsche en France – De la fin du XIX siècle au temps présent*, Paris, PUF, 1999.
30 X. Tilliette, « *Merleau-Ponty ou la mesure de l'homme* », in, *Archives de philosophie,* Tome XXIV, - Cahier II-IV, Juillet/Décembre 1961, p. 399.

de grand en philosophie depuis un siècle – par exemple du marxisme, de Nietzsche, de la phénoménologie et de l'existentialisme allemand, de la psychanalyse (...). Il n' y a pas, dans l'ordre de la culture, de tâche plus urgente que de relier à leur origine hégélienne les doctrines ingrates qui cherchent à l'oublier[31]». Il est à noter que cette reconnaissance assurée de la dette philosophique envers Hegel va de pair avec une condamnation de ceux qu'il appelle les "ingrats" qui devraient, au lieu de prendre congé de l'auteur de la *Science de la logique*, ressouder le lien ombilical qui les liait à l'origine à la pensée hégélienne. En dénonçant ce genre d'ingratitude rendant l'écho du parricide, Merleau-Ponty s'en prend en toute vraisemblance à Nietzsche sous prétexte qu'il a été l'un des instigateurs de l'oubli de Hegel. L'ingratitude envers Hegel se traduit chez Nietzsche par le truchement du déicide auquel renvoie le mot de ce dernier : « Dieu est mort ». C'est contre les retombées du nihilisme que Merleau-Ponty met en œuvre « (...) l'exaltation de la "grande tradition du spiritualisme français"[32]... »

Pour conclure, nous ajoutons encore une remarque, en guise de preuve qui consolide notre raisonnement. Merleau-Ponty introduit la Phénoménologie de la perception par cette question : « Qu'est-ce que la phénoménologie? » A première vue, sa réponse n'a rien d'étrange, d'autant plus qu'il affirme que la phénoménologie « (...) est en route depuis longtemps, ses disciples la retrouve partout, dans Hegel et dans Kierkegaard bien sûr, mais aussi dans Marx, dans Nietzsche, dans Freud[33] ». Une telle réponse

---

31 M. Merleau-Ponty, *Sens et non-sens*, éd. Nagel, Paris, 1948, p. 109.

32 L. Althusser, *Ecrits philosophiques et politiques*, tome I, Paris, Stock/Imec., 1994, pp. 258-259.

33 M. Merleau-Ponty, *Phénoménologie de la perception*, Paris, Tel/Gallimard, 1976, av. propos, p. I-II.

proférée par une grande figure du courant phénoménologique prête à nous faire croire, qu'entre Merleau-Ponty et Nietzsche, il existe réellement une complicité de lignée qui traduit « un rapport oblique et clandestin[34] ». Reconnaître également cette parenté clandestine entre Merleau-Ponty à Nietzsche déclenche un véritable conflit des interprétations susceptible de mettre en cause les dispositifs des historiens de la philosophie, et leur impose de nouveau le problème de l'écriture de l'histoire de la philosophie.

Pour toutes ces raisons, nous invitons à une lecture critique de cette écriture ou de ces écritures de l'histoire de la philosophie, en tenant compte de la présence de Nietzsche dans cette même histoire de la philosophie, écrite en rapport avec Maurice Merleau-Ponty. Ce travail pourrait, du reste, se prévaloir de l'appui de Merleau-Ponty qui notait qu' « en philosophie le chemin peut être difficile, mais on est sûr au moins que "chaque pas en rend possibles d'autres"[35] ».

---

34 Ibid., *Eloge de la philosophie*, Paris, Gallimard, coll. Idées, 1975, p. 22.

35 M. Merleau-Ponty, *Signes*, Paris, Gallimard, 1959, préface, p. 7.

Chapitre III

DE NIETZSCHE A KANT
L'AUTONOMIE EN PROCES

Pour commencer, nous remarquons que nous avons affaire dans cette étude à un concept, à la fois polémique et libérateur dont le déploiement souvent impulsif aiguille toute personne avide d'autodétermination, de liberté, de choix d'action autarcique, face à l'engrenage d'un quotidien régi souterrainement par une logique de domination et de répression. Le problème de l'autonomie de l'être humain touche au plus vif de sa chair. Mais, c'est la perte de l'autonomie qui pousse à en chercher les raisons qui sont parfois contradictoires, et qu'il y a tout lieu de démêler.

L'autonomie peut se définir d'abord négativement par rapport à ce qui s'oppose à l'immunité de la personne, et s'entend alors comme refus de l'injustice, de la barbarie, de la violence et de toute subjugation ouvertement commanditaire ou de manipulation subtile, là où "l'ordre stipulé" « commande, (…) ordonne des comportements et les régularise[1] ».

1 Henri Lefebvre, *La vie quotidienne dans le monde moderne*, Paris, Gallimard, Idées, 1968, p. 121.

Ce concept d'autonomie peut s'entendre aussi positivement, à partir du moment où il incarne un besoin vital de déploiement de soi et traduit, à travers la persistance et le progrès dans l'existence, tout ce qui promeut les êtres humains à accroître leurs forces et intensifier leurs énergies de réflexivité et de puissance.

Cette puissance pourrait s'entendre dans un sens cartésien où les hommes ont la volonté et la possibilité d'agir « (...) comme maîtres et possesseurs de la nature[2] », tout comme elle pourrait cadrer, dans le sillon de la pensée nietzschéenne, avec le sens de la « liberté de la volonté » par quoi est désigné l'état de celui qui, non seulement veut mais ordonne et exécute simultanément. « Un homme qui veut commande en lui-même à quelque chose qui obéit ou dont il se croit obéi[3] ». Autonomie signifie ici triomphe des résistances, commandement, jouissance d'une supériorité, mais aussi « discipline » par rapport à soi et à son but propre: « Qui à lui-même ne peut commander, celui-là doit obéir. Et plus d'un se peut commander, mais de beaucoup s'en faut encore qu'également il s'obéisse[4] ! » Et à Nietzsche de préciser que même la "populace" peut, au nom d'une certaine idée de l'autonomie, refuser d'obéir pour vivre: « Qui est de la populace veut vivre gratuitement; mais nous autres, à qui la vie s'est donnée, _ jamais nous ne perdons de vue ce qu'en échange le mieux donnons ![5] » Ne peut-il pas y avoir alors une "autonomie" servile ou une indépendance,

2 René Descartes, *Discours de la méthode*, *in Œuvres et Lettres*, Paris, Pléiade, Gallimard, 1953, 6 ème partie, p. 168.

3 Friedrich Nietzsche, *Par-delà bien et mal*, trad. fr. C. Heim, Paris, Gallimard, Idées, 1973, § 19, p. 32.

4 Ib., *Ainsi Parlait Zarathoustra*, trad. fr. M. De Gandillac, Paris, Idées /Gallimard, 1981, 3 ème partie, « *Des vieilles et des nouvelles tables* », §4, p. 248.

5 Idem., §5, p. 249.

mais de sens nul, celle justement que revendique la populace qui « veut vivre pour rien »?

Il serait utile de rappeler ici, à la suite de Herbert Marcuse, que « (...) la philosophie bourgeoise avait placé l'autonomie de la personne au centre de sa théorie: la doctrine kantienne de la liberté ne constitue que l'expression la plus claire et la plus haute d'une tendance qui se manifestait depuis le traité de Luther sur la liberté du chrétien[6] ». Il y a là une mise à nu de la nature de toute relation d'autorité qui signifie ici, du côté de la personne humaine, une relation d'hétéronomie en tant qu'elle porte atteinte " aux racines de la liberté humaine". C'est en pointant ce problème de "l'hétéronomie externe" que Kant accorde à "l'autonomie interne" un sens proprement moral.

« L'autonomie de la volonté, écrit-il, est l'unique principe de toutes les lois morales et des devoirs conformes à ces lois (...) La loi morale n'exprime donc pas autre chose que l'autonomie de la raison pure pratique, c'est-à-dire de la liberté[7]... » Soulignons en outre que, chez Kant, le concept d'autonomie est plus large et plus fondamental que le concept de liberté puisque l'autonomie signifie le respect de la loi morale laquelle fonde la liberté et non l'inverse. Commentant la morale kantienne, Gerhard Krüger écrit dans Critique et morale chez Kant : « L'analyse de la moralité a mis en relief que l'autonomie est le concept central de la morale. L'autonomie est le mode d' « existence» de tout ce qui est moral. Or dans la mesure où la morale est la fin directrice de toute expérience vivante le concept

6 Herbert Marcuse, *Pour une théorie critique de la société*, tr. fr. par C. Heim, Paris, Denoël/Gonthier, 1971, p. 10.

7 Emmanuel Kant, *Critique de la raison pratique*, trad. fr. par F. Alquié, Paris, Gallimard, Folio/essais, 1985, 1ère partie, § 8, théorème IV, p. 57.

d'autonomie renferme en même temps la solution du problème anthropologique et du problème métaphysique de la philosophie: il dit comment l'homme et sa métaphysique « existent » en vérité, c'est-à-dire selon leur destination[8] ».

Notons, par ailleurs, que le terme ''autonomie'' renvoie à un sens étymologique qui fait que le vocable en question soit composé de ''auto'' - qui veut dire « soi-même, lui-même » - et nomos, qui veut dire dans le registre grec, loi du cosmos ou de la Phûsis, loi diffuse, invisible et insaisissable. C'est dans cette optique que l'apport nietzschéen nous paraît fort singulier.

En effet, si l'on reconnaît à Nietzsche son retour aux grands Grecs dont la connaissance, disait-il, a été son "éducatrice" - (Mes ancêtres, disait Nietzsche, sont Héraclite et Empédocle...)[9] -, c'est par ce côté où son monde n'est pas fixé dans la loi morale ou dans une intériorité fermée sur elle-même, mais ouvert à toutes les perspectives qui se transmue pour lui en acquiescement dionysiaque, jaillissement organique de toutes les constellations que présente un être "cruel" dont la prodigalité coïncide avec l'affirmation de la vie.

Est-il indispensable de rappeler que la Phûsis grecque comporte un sens primitif – simple et profond – celui-là même dont témoigne chacune des choses naturelles qui « (...) possède en elle-même un principe de mouvement et d'arrêt[10] » ? Le monde qui s'offre à Nietzsche est à l'image

8 Gerhard Krüger, *Critique et morale chez Kant*, trad. fr. par M. Regnier, préface d'Eric Weil, Paris, Beauchesne, 1961, p. 159.

9 F. Nietzsche, *La naissance de la philosophie à l'époque de la tragédie grecque*, trad. fr. G. Bianquis, Paris, Idées /Gallimard, 1938, p. 16-18.

10 Aristote, *Physique*, II, 1, 192 b, 10-15, trad. fr. P. Pellegrin, Paris, GF, 2000, p. 116.

de l'arbre dont il se plaît d'évoquer la symbolique, particulièrement dans son Zarathoustra: « - ainsi le monde s'offrait à moi : - comme si un arbre me faisait signe, aux branches larges, à la volonté forte, (…) ainsi le monde était sur mon promontoire[11]… ».

Dans Par-delà bien et mal, Nietzsche souligne la pluralité des sentiments qui habitent tout vouloir: « dans tout vouloir, il y a d'abord une pluralité de sentiments, à savoir le sentiment de l'état dont on part, le sentiment de l'état vers lequel on va, le sentiment de ce ''dont on part'' et de ce ''vers lequel on va'' eux-mêmes, et encore un sentiment musculaire concomitant qui commence à entrer en jeu, par une sorte d'habitude, dès que nous ''voulons'', quand bien même nous n'agitons pas ''bras et jambes''.(…) la volonté n'est pas seulement un complexe de sentir et de penser, mais encore et surtout un affect: et plus précisément cet affect qu'est celui du commandement[12] ».

La volonté semble, aux yeux de Nietzsche, ancrée dans la physio-psychologie de l'homo natura. Et c'est sa nature affectionnelle qui l'apparente à toute force qui tend, sous l'effet de l'habitude, à cumuler une quantité de puissance et de cruauté digne d'un homme indépendant. C'est le sens même de la vie, comme dit Nietzsche, que d'être cruel, impitoyable envers soi-même et avec autrui.

Relevons enfin que le concept d'autonomie a été utilisé dans les sciences sociales, où il a fonctionné, là aussi, autour de l'idée de clôture d'un côté et de l'idée d'ouverture

---

11 F. Nietzsche, *Ainsi parlait Zarathoustra*, tr., préf. et commentaire par G.-A. Goldschmidt, Paris, L.G.F., Livre 3, « *Des trois maux* », p. 224.

12 Fr. Nietzsche, *Par-delà bien et mal*, trad. fr. P. Wotling, Paris, GF, 2000, § 19.

d'un autre côté. Dans son livre L'Institution imaginaire de la société, Cornélius Castoriadis distingue entre « L'autonomie-clôture » où le social « se ferme sur soi, rendant inconcevables tout sens, toute réponse qui ne soient institués », et « l'autonomie-ouverture et révolutionnaire » où la société engendre elle-même son sens et son auto-création permanente[13] ».

Il y a lieu de remarquer à la suite de Félix Guattari, auteur de La révolution moléculaire, que la question de « l'autonomie possible » fait buter contre les tournures les plus catastrophiques des luttes sociales de par son inscription au sein « (…) du problème central, mal nommé et malmené depuis si longtemps: celui de l'action de masse. » Félix Guattari précise encore que tout projet d'autonomie à venir« (…) revient toujours aux trois encerclements fondamentaux: - celui de la répression sociale, - celui de la segmentarité groupusculaire, -celui du sur-investissement inconscient de "l'idéal de groupe", qui tend à prendre, dans des situations de clandestinité, des proportions monstrueuses[14] ».

C'est dire combien la notion d'autonomie est plurivoque et contradictoire, se prêtant par là à des utilisations dont les intentions sont multiples et différentes. Si nous considérons ce concept dans le cadre des Lumières, en rapport singulièrement avec le texte kantien bien connu Réponse à la question: Qu'est-ce que les Lumières?, force est de pointer l'absence du concept en question dans cet écrit de 1784, alors que ce même concept qui refait surface juste un ans après dans Fondements de la métaphysique des mœurs, va encore faire fortune en 1788, en constituant le pivot de la

13 Cornélius Castoriadis., *L'institution imaginaire de la société*, Paris, Le Seuil, 1975, p. 147.

14 Félix Guattari, *La révolution moléculaire*, Paris, Recherches, 10/18, 1977, p. 209.

philosophie pratique telle qu'elle a été élaborée dans la deuxième Critique.

S'il est vrai que Kant et Nietzsche se rallient l'un et l'autre aux penseurs des Lumières, leur point de rencontre et même leur affinité nous semblent se situer en dehors du concept d'autonomie, et fonctionner singulièrement par rapport au texte de 1784 – plutôt en rapport avec d'autres concepts et une autre problématique.

Relevons les concepts clés qui jalonnent le texte kantien, celui de 1784: il y est question de ''résolution'', de ''courage'', de ''liberté'', de critique de la ''paresse'' et de la ''lâcheté'', et d'une démystification des institutions qui maintiennent l'ordre de la servitude et de la soumission: Eglise, Etat, établissements scolaires et universitaires...

Or, la critique kantienne à l'endroit de ces lieux sociaux et historiques, nous la retrouvons chez Nietzsche. En effet, à la devise des Lumières rappelée par Kant dès le premier paragraphe du texte de 1784 « Aie le courage de te servir de ton propre entendement[15] », semble répondre d'une façon claire l'appel nietzschéen adressé à ceux qui savent déchiffrer l'énigme du Sphinx. « Personne, disait Nietzsche, ne peut bâtir à ta place le pont qu'il te faudra toi-même franchir sur le fleuve de la vie – personne, hormis toi[16] ».

Plus patente est la rencontre Kant/Nietzsche pour dénoncer les méfaits de la lâcheté: les lâches « te flattent comme on flatte un dieu ou un diable (...) c'est ainsi qu'agit toujours la ruse des lâches (...) tu leur es toujours

---

15 E. Kant, « Réponse à la question: Qu'est-ce que "les Lumières"? », § 3, *in La philosophie de l'histoire (opuscules)*, Paris, Gonthier, 1972, p. 46.

16 Fr. Nietzsche, *Considérations Inactuelles III et IV...*, in Œuvres philosophiques complètes, Paris, Gallimard, ١٩٨٨, tome II, § ١, p.١٩

suspect ! Tout ce qui donne beaucoup à penser devient suspect[17] ». C'est plutôt le courage du génie qui lui garantit le pouvoir de conduire ses « (...) pensées aux trois abîmes de la tragédie, qui ont nom "Illusion", "Vouloir" (et) "Douleur"[18]». Ces trois abîmes ou figures peuvent avoir pour seul nom commun la "bravoure": « Cette bravoure et ces dernières qualités, écrit Nietzsche, sont l'autre gage de mes espérances[19] ».

Un autre point de rencontre non moins significatif est la critique de l'institution scolaire et, surtout, universitaire. Rappelons ce que Kant écrit au deuxième § de l'écrit de 1784: « Il est si commode d'être sous tutelle. Si j'ai un livre qui a de l'entendement à ma place...[20] ».

Or, cette critique kantienne des institutions fonctionnant comme tutelle du savoir est loin d'être l'apanage de Kant. Nietzsche ne s'est épargné aucun effort dans le but d'en détruire les fondements. Sa déconstruction se démarque de celle de Kant par une critique de la notion d'autonomie qui fonctionne, d'après lui, comme une facette d'hypocrisie dissimulant l'intraitable puissance de l'Etat : « Quant au professeur, il parle à ces étudiants qui l'écoutent. (...) – Voilà l'appareil académique extérieur, voilà la machine à culture de l'Université mise en activité. Pour tout le reste le possesseur de cette bouche est séparé et indépendant des détenteurs des nombreuses oreilles: et

17 Ib., *Ainsi parlait Zarathoustra*, 1 ère partie, « Des mouches de la place publique ».

18 Idem.., « Dédicace à Richard Wagner », *in La naissance de la tragédie*, in Œuvres philosophiques complètes, trad. fr. M. Haar.., Paris, Gallimard, 1977, tome I, 11[1], p. 425.

19 Idem., op. cit., p. 427.

20 E. Kant, « *Réponse à la question: Qu'est-ce que "les Lumières"?* », VIII, 35, *in Vers la paix perpétuelle...*, trad. fr. J.-F. Poirier et F. Proust, Paris, GF, 1991, p. 43.

cette double autonomie est louée avec exaltation sous le nom de ''liberté académique''.

Du reste l'un – pour que cette liberté soit encore accrue – peut dire à peu près ce qu'il veut, et l'autre, entendre à peu près ce qu'il veut: à ceci près que derrière ces deux groupes à une distance convenable se tient l'Etat avec la mine tendue du surveillant, pour rappeler de temps à autre que c'est lui le but, la fin et la quintessence de ces étranges procédures de parole et d'audition[21] ».

Il y a lieu, toutefois, de remarquer que Kant et Nietzsche s'attaquent tous les deux à l'institution universitaire qui représente l'Etat et ses "mines impérieuses". Leurs critiques respectives se prolongent afin d'atteindre la culture d'une époque et dénoncer un mode de penser qui a réduit les hommes à l'état de minorité et d'hétéronomie. Nous pouvons lire dans le texte de 1784 ce qui suit : « Il est donc difficile à chaque homme pris individuellement de s'arracher à l'état de tutelle qui lui est devenu pour ainsi dire une nature. (…) C'est pourquoi un public ne peut accéder que lentement aux Lumières. Par une révolution on peut bien obtenir la chute d'un despotisme personnel ou la fin d'une oppression reposant sur la soif d'argent ou de domination, mais jamais une vraie réforme du mode de penser ; mais au contraire de nouveaux préjugés serviront, au même titre que les anciens, à tenir en lisière ce grand nombre dépourvu de pensée[22] ».

---

21 Fr. Nietzsche, « *Sur l'avenir de nos établissements d'enseignement* », in *Ecrits posthumes 1870/1873*, trad. fr. par J.-L. Bakes et autres, Paris, Gallimard, 1975, p.152-153.

22 E. Kant, « *Réponse à la question: Qu'est-ce que "les Lumières"?* », VIII, 35, *in Vers la paix perpétuelle…*, trad. J.-F. Poirier et F. Proust, Paris, GF, 1991, p. 44-45.

La critique kantienne de la Tradition, de ce qu'elle exerce comme pouvoir de préjugés et d'opinions sur les esprits, atteste une proximité avec ce que Nietzsche a pratiqué avec plus d'ampleur : « Quelle ne sera pas la répugnance des générations futures quand ils auront à s'occuper de l'héritage de cette période où ce n'étaient pas les hommes vivants qui gouvernaient, mais des semblants d'hommes, interprètes de l'opinion. C'est pourquoi notre siècle passera peut-être pour une lointaine postérité...[23] ».

On peut lire également dans Par-delà le bien et le mal au §199 : « Le caractère limité de l'évolution humaine, ses hésitations, ses lenteurs, sa marche souvent rétrograde et aberrante provient de ce que l'instinct grégaire de l'obéissance est celui qui s'hérite le mieux et qu'il se fortifie au détriment de l'art de commander[24] ». Les derniers hommes sont, par définition, des avortons des Temps Modernes, dénués de toute noblesse, d'autant plus qu'ils incarnent la bête de labeur inféodée au dogme du travail et de l'argent.

Si les thématiques kantiennes et nietzschéennes nous semblent assez proches les unes des autres au sujet de la critique de l'état de soumission de l'homme en raison du poids des préjugés, de l'Etat, de l'Eglise et des institutions scolaires et universitaires, poids qui fonctionne comme un joug de par son atavisme et son caractère historique, il est singulier de noter que le même paragraphe 199 de Par-delà le bien et le mal s'en prend à Kant à l'endroit de l'autocratie de la raison pure pratique et du pouvoir coercitif du devoir moral: « (...) c'est l'obéissance qui a été le mieux et le plus longtemps inculquée aux hommes et pratiquée

23 Fr. Nietzsche, *Considérations Inactuelles III et IV...*, Paris, Gallimard, 1988, tome II, § 1, p.18.

24 Ib., *Par-delà le bien et le mal*, trad. fr. C. Heim, Paris, Idées/Gallimard, 1983, § 199, p. 122.

par eux, on peut en conclure légitimement que chacun(…) éprouve maintenant le besoin inné d'obéir, comme une sorte de conscience formelle qui ordonne: "Tu dois absolument faire telle chose, tu dois absolument t'abstenir de telle autre inconditionnellement ne pas faire telle ou telle chose", bref "Tu dois"[25] ».

Au sujet du problème de l'autonomie, Nous pensons qu'il y a entre Kant et Nietzsche plus qu'un malentendu. Mais ce malentendu est, du point de vue de l'écrit de 1784, beaucoup plus un malentendu de Kant avec lui-même, eu égard à l'écrit de 1788 où le concept d'autonomie ne surplombe cette deuxième Critique, sous le poids massif de la loi morale en tant que loi purement formelle, qu'en évacuant tout le contenu social, politique, culturel et historique propre au regard kantien dans l'écrit de 1784 et au regard nietzschéen consacré par l'ensemble de ses écrits.

Le vrai Kant est-il du côté de la libre pensée ou du côté du concept d'autonomie qui fonctionne à vide dans la deuxième Critique? Dans une Lettre écrite à Johannes Fichte, Jacobi identifie l'idéalisme transcendantal de Kant à un « savoir philosophique du néant[26] ». Il précise davantage que la morale de l'autonomie avait pris « (…) pour fondement cette volonté qui ne veut rien, cette personnalité impersonnelle, cette égoïté pure du moi sans essence propre[27] ».

Et pourtant il nous faut faire un pas de plus, mais cette fois-ci en direction des écrits nietzschéens qui constituent

---

25 F. Nietzsche, *Par-delà le bien et le mal*, trad. fr. C. Heim, Paris, Idées/Gallimard, 1983, § 199, p. 122.

26 F.-H Jacobi, *Œuvres philosophiques de F.-H. Jacobi*, trad. fr. J.-J. Anstett, Paris, Aubier, 1946, p. 328.

27 Ib., op. cit., p. 325.

une véritable pérégrination à travers les labyrinthes et les effroyables sous-sols d'une « pensée violente, contrastée, redoutable et proprement inassimilable (indigeste, aime à dire Nietzsche lui-même)[28] ». Cette même pensée qui conçoit l'indépendance et la liberté en termes d'une "création de soi". Sa dénonciation de toutes les formes d'aliénation traduit son vouloir de ne relever que de soi et de ne s'attacher à qui ou à quoi que ce soit, et même à son propre détachement, disait-il. « (…) la singularité de notre existence en ce moment précis, écrit Nietzsche, est ce qui nous encourage le plus fortement à vivre selon notre propre loi et selon notre propre mesure[29] ».

Quoi de plus significatif que de conclure avec Nietzsche en rapportant ce qu'il écrit dans Par-delà le bien et le mal : « Il importe, écrit Nietzsche, de se prouver à soi-même qu'on est destiné à l'indépendance et au commandement, et cela au bon moment. (…) On doit savoir se garder ; c'est la plus forte preuve d'indépendance[30] ».

---

28 Paul Valadier, *Essais sur la modernité – Nietzsche et Marx*, Paris, Desclée/Cerf, 1974, p.103.

29 Fr. Nietzsche, *Considérations inactuelles III et VI ...*, tome II, § 1, Paris, Gallimard, 1988, p.19.

30 Ibid., *Par-delà bien et mal*, trad. fr. C. Heim, Paris, Gallimard, 10/18, 1973, § 41, p.59-60.

Chapitre IV

NIETZSCHE, NEGATEUR DE L'AUFKLÄRUNG

Effleurée dès le début de son acheminement philosophique, notamment dans la Naissance de la Tragédie, la question de l'Aufklärung[1] laisse entendre par les voix de Nietzsche les multiples formes d'abdication paradoxale de l'histoire et de la culture occidentales. Toute l'œuvre nietzschéenne semble s'être développée au rythme d'une diatribe visant à subvertir « (...) tout le fatras des "sentiments humains" de la modernité[2] ». Il s'agit d'une ritournelle faite de ruptures avec le legs de l'Aufklärung, où Nietzsche travaille à dénoncer les acclamations de liberté et de bonheur promises à une humanité "méprisable et vénale" qui, dans la foulée de la dérive de son capitalisme libéral et de son progrès technico-industriel, n'a fait que s'engouffrer dans l'engrenage du travail aliénant au confluent d'une

1 F. Nietzsche, *La naissance de la tragédie*, là où l'auteur se dégage des illusions propagées par les idéaux du XVIII ème siècle et décide d'assumer la tâche suivante: « Surmonter l'*Aufklärung* et ses principaux poètes. », *Fragments posthumes,* Paris, Gallimard, 1977, 5 [23], p. 228.

2 F. Nietzsche, *Le cas Wagner...*, tr. fr. par E. Blondel et P. Wotling, Paris, GF, 2005, préf., p. 30.

situation sociale et historique réduite à une dimension de survivance minimale.

Nous soulevons un problème qui a marqué, de part en part, la traversée tragique d'une pensée « souterraine » exercée au « travail des profondeurs[3] », transperçant par là l'édifice de l'Aufklärung jusqu'à ses ultimes sous-sols en vue d'évaluer la vision idyllique dont s'est fait solennellement prévaloir le monde dit "éclairé" depuis le XVIII è siècle. Ce qu'il y a lieu de noter ici, c'est que la question de la démystification des "Lumières" n'a réussi que récemment à retenir l'attention des spécialistes de Nietzsche (l'exemple de Stanley Rosen). Leurs efforts ne semblent pas toutefois porter sur cette démystification en tant que prélude à la dimension transvaluatrice de la pensée de Nietzsche et ses répercussions sur la question même des Lumières.

Notre questionnement s'impose en raison même de ces récentes interprétations de la pensée de Nietzsche qui annexent indistinctement le problème de l'Aufklärung à celui de la critique nietzschéenne de la modernité. Subsumer les énoncés nietzschéens relatifs à l'Aufklärung sous la critique qu'il fait de la Modernité nous semble relever d'un amalgame, en ce sens où si Lumières et Modernité se recoupent et s'enchevêtrent sur bien des points, elles sont loin toutefois de s'identifier et de s'offrir l'unité d'une osmose d'esprit et de verbe.

Ainsi l'Ecole de Francfort n'a accordé un intérêt au problème du destin des Lumières qu'en raison de la dérive ins-

---

3 « Dans ce livre on trouve au travail un être "souterrain", de ceux qui forent, qui sapent, qui minent. (…) ne lui demandez pas ce qu'il cherche tout en bas, il vous l'apprendra bien lui-même », in, F. Nietzsche, *Aurore – Pensées sur les préjugés moraux*, Paris, Gallimard, 1980, tome IV, Avant-propos, § 1, p. 13.

trumentaliste à laquelle elles ont abouti: celle qui a généré guerres, totalitarismes, terreurs et barbaries antisémites qui ont été tous le lot des premières décennies du XXème siècle.

Nous partons, en ce qui nous concerne, d'une hypothèse de travail consistant à prendre Nietzsche sinon pour un détracteur de l'Aufklärung, du moins pour un *aufklärer* radical, un "iconoclaste" qui n'a « jamais imité personne en rien », et qui a tenté plutôt d'instituer de « nouvelles Lumières » préludant à l'avènement d'une philosophie de l'éternel retour. Loin de croire à la thèse alléguant que Nietzsche, dans les *Considérations inactuelles* tout comme dans *Humain, trop humain*, était pris dans la fougue de la vision du monde de l'Aufklärung, nous marquons la subversion nietzschéenne des "idoles" mis en valeur par l'esprit du siècle des Lumières[4]. Son attitude critique envers l' « *anthropos theoritikos* », qui trouve en Socrate son incarnation la plus parfaite, traduit une résistance au schème de cette rationalité propre à l'époque des Lumières et qui fut, dans l'esprit et dans la pratique, la matrice de ce qui se

4 « A coup sûr, l'un des plus grands avantages, et tout inappréciable, que nous tirons de Schopenhauer est bien qu'il ramène irrésistiblement parfois notre sensibilité à d'anciennes et souveraines manières de considérer le monde et les hommes auxquelles ne nous conduirait aussi facilement aucun autre chemin. C'est un très grand bénéfice pour l'histoire et la justice ; je crois que de nos jours personne ne réussirait si facilement à rendre justice au christianisme et à ses frères asiatiques sans le secours de Schopenhauer: chose précisément impossible si l'on se place sur le terrain du christianisme actuel. Ce n'est qu'après cette grande *victoire de la justice*, qu'après avoir corrigé sur un point aussi essentiel la conception historique introduite par le siècle des lumières, que nous pourrons, pour le porter plus loin, reprendre le drapeau des lumières --- ce drapeau aux trois noms de Pétrarque, Erasme, Voltaire. De la réaction, nous aurons fait un progrès. » F. Nietzsche, *Humain, trop Humain*, I, *in OPC.*, Paris, Gallimard, 1968, §. 26, p. 43.

révèlera comme le grand échec : « l'être raté en général de l'homme[5] ».

Le scepticisme nietzschéen à l'égard des idéaux de l'Aufklärung traduit en fait une entrée en lice contre un règne de la Raison dont l'Idéal, pris au piège de la complexité ambivalente de la "vita activa", conduit l'humanité aux pires atrocités des volontés minées de « lâcheté », de « paresse » et de « vanité[6] ». Très tôt, Nietzsche tente d'en découdre avec cet héritage culturel pivotant autour d'un pouvoir monopolisé par le "monstre le plus froid" et les institutions gérées par des "serviteurs" dociles, n'œuvrant qu'au sacre du "dernier homme" et oscillant, ainsi, entre aliénation et grégarisme pathétique.

L'Aufklärung, dont la devise était d'avoir le courage de "penser par soi-même", ne pouvait, de ce point de vue, rompre la continuité massive d'une longue histoire de nihilisme. Bien au contraire, la pensée des Lumières avait servi, par rapport au nihilisme régnant, de détour et de grille de filtration dissimulant les symptômes d'une "décadence physiologique" qui condamne l' "*homo sapiens*" d'antan à une double servitude ; d'une part, celle qui fait de lui un "*homo religiosus*" contaminé par « la morale chrétienne », voire « (…) la forme la plus pernicieuse de la volonté de mensonge, la véritable Circé de l'humanité: ce qui a corrompu l'humanité[7] ». D'autre part, celle qui le transforme en une « plante dépouillée », incarnant la déchéance mondaine de l' "*homo laborans*", véritable bête de labeur dont "la force

5 F. Nietzsche, *Oeuvres philosophiques complètes*, *FP.*, Paris, Gallimard, 1982, tome X, 27[79], p. 328.

6 F. Nietzsche, *Oeuvres philosophiques complètes*, *FP.*, Paris, Gallimard, 1982, tome X, 27[79], p. 328.

7 F. Nietzsche, *Ecce homo*, tr. fr. par J.-Cl. Hémery, Paris, Idées/Gallimard, 1985, p. 150.

de l'esclave" contribue sous le patronage du régime capitaliste à la "puissance du travail".

1– Les fractures d'un couplage conceptuel

Soulignons que le concept de "Modernité" connaît, depuis le renversement cartésien de l'ordre gréco-médiéval du savoir, le succès d'une consécration surdéterminante de la raison comme pensée pure, doublée de la valeur inconditionnée de la subjectivité, instituant par là le pouvoir hégémonique de la catégorie de la cognoscibilité. Modernité et subjectivité iront dès lors de pair dans le sens de l'odyssée de la réflexivité et, concurremment, de l'invention.

Dans la dualité antagonique entre Modernes et Anciens, c'est l'idée de modernité qui a fini par l'emporter ; les Modernes se réclamant a fortiori d'un « (…) divorce total entre le monde des valeurs et le monde des faits[8] ». C'est à partir de ce renversement à la fois axiologique et épistémologique que la notion de matière se trouve réhabilitée pour reconquérir le droit d'être une réalité objective.

En conséquence, l'ontologie des Anciens qui soumettait l'être humain à l'ordre préétabli du Cosmos finit par s'étioler sur le seuil de la nouvelle odyssée du Savoir humain, exprimant la volonté prométhéenne d'une subjectivité conquérante. Tout semble, du coup, affirmer que les Temps Modernes, de par la considération du *subjectum* comme le pendant gnoséologique de l'*hypokeimenon* grec, ont fait table rase de la "Tradition".

Avant de définir nos deux concepts – modernité et Lumières – en en délimitant les acceptions à partir du corpus nietzschéen, nous relevons l'importance d'une nuance

8 A. Koyré, *Du monde clos à l'univers infini*, tr. fr. par R. Tarr, Paris, Idées/Gallimard, 1973, avant-propos, p. 12.

d'ordre méthodologique qui s'oppose à un nivellement ou encore, ce qui est plus grave, à une confusion consistant à plier ou à identifier la position nietzschéenne à l'égard de l'Aufklärung au canon de la même orientation de sa critique de la Modernité[9].

Une pareille confusion, ce sont les interprètes de Nietzsche qui l'avaient imposée dans la mesure où, pour l'essentiel, ils n'ont vu en lui qu'un critique de la Modernité. N'a-t-on pas remarqué que Martin Heidegger, à titre d'exemple, a réduit l'Œuvre de Nietzsche à un moment d'accomplissement de l'expérience métaphysique de l'Occident, là où la figure de la subjectivité inconditionnée et achevée a atteint le paroxysme de son développement[10]. Mais le problème est que le dispositif de cette critique nietzschéenne de la modernité risque, de ce point de vue, de devenir le socle d'une unique thématique qui cantonne l'Aufklärung dans les limites de l'épistémè des Temps Modernes. La critique nietzschéenne de l'Aufklärung se trouve, de ce fait, enve-

---

9 Nous jugeons que l'*Aufklärung* n'a rien d'une simple composante ou d'un ingrédient parmi d'autres des Temps modernes européens. Il s'agit, au contraire, d'un lieu et d'un mouvement de l'esprit qui transperce, de part en part, l'histoire planétaire de l'humanité. C'est pourquoi nous réfutons tout amalgame prêtant à confondre les deux concepts de "modernité" et de l' "*Aufklärung*".

10 « La pensée de Nietzsche est d'ordre métaphysique conformément à toute pensée occidentale depuis Platon. (…) La métaphysique est la vérité de l'étant en tant qu'un tel dans sa totalité. (…)Les cinq termes fondamentaux: "Volonté de puissance", "nihilisme", "Eternel Retour du Même", "Surhomme", et "justice" correspondent aux cinq parties de l'essence de la métaphysique. Mais l'essence de cette unité, voilée à l'intérieur de la métaphysique, le demeure encore à celle-ci même. Nietzsche obéit à l'unité cachée de la métaphysique, dont il lui faut évaluer, occuper et construire de part en part la position fondamentale… » Voir M. Heidegger, *Nietzsche II*, trad. de l'allemand par P. Klossowski, Paris, Gallimard, 1971, pp. 207-263.

loppée, voire réduite à la logique de sa critique de la Modernité, la condamnant à n'avoir ainsi aucun statut singulier[11].

Afin d'instituer la critique nietzschéenne de l'Aufklärung dans ses droits propres, nous partirons de la possibilité d'inspecter l'œuvre de ce philosophe à partir du vocabulaire nietzschéen lui-même à ce sujet, et de montrer dans quel sens Nietzsche était paradoxalement et d'un point de vue éminemment critique, si l'on parle comme Jean-Marie Benoît, « (…) un *Aufklärer* contre les Lumières[12] ». Nous nous demanderons aussi si l'esprit de l'Aufklärung n'était pas pris, tout au long des siècles, par mésinterprétation, pour "le cheval de Troie" des Temps Modernes, dont la mission consistait à réussir la « (…) frénésie sinistre de la technique

11 « Pour *Nietzsche*, enfin, il s'agit de démasquer la dramaturgie de toute cette comédie dans laquelle chacun – l'espoir révolutionnaire comme la réaction – joue sa scène. Privant de son aiguillon dialectique la critique qui s'exerce sur la raison centrée sur le sujet et réduite à la rationalité téléologique, Nietzsche adopte, vis-à-vis de la raison dans son entier, l'attitude que les jeunes hégéliens adoptent vis-à-vis de sa sublimation: la raison *n'est rien d'autre* que du pouvoir, rien d'autre que cette volonté de puissance pervertie qu'elle recouvre avec tant de brio. On retrouve les mêmes fronts lorsqu'on aborde le rôle des intellectuels dont l'engagement est tributaire du lien spécifique que la modernité établit entre elle et la raison. Se présentant comme des détectives pistant la raison dans l'histoire, les philosophes de la modernité sont à la recherche de la tâche aveugle où l'inconscient se loge dans la conscience, où l'oubli s'insinue dans le souvenir, où le déclin se déguise en progrès et le désapprentissage en apprentissage. En revanche, lorsqu'ils se proposent d'éclairer les Lumières sur leurs limites, les trois parties diffèrent dans l'appréciation de la tâche effective des intellectuels. » Voir J. Habermas, *Le discours philosophique de la modernité – Douze conférences*, trad. de l'allemand par Ch. Bouchindhomme et R. Rochlitz, Paris, Gallimard, 1988, p. 68.

12 L'expression suscitée renvoie à une étude de Jean-Marie Benoît intitulée « Marcuse, un *Aufklärer* contre les Lumières », in, *Marx est mort*, Paris, Idées/Gallimard, 1970, chapitre 3, p. 98.

déchaînée, et de l'organisation sans racines de l'homme normalisé[13] ?». Cette inspection du langage nietzschéen doit pouvoir permettre de décloisonner les registres d'analyse et de faire émerger leurs distorsions et leurs différences de sens.

Le couplage de l'Aufklärung et de la Modernité - très courant dans un bon nombre d' « interprétations de Nietzsche [14]» – mobilise l'esprit des Lumières et l'affûte en tant qu'arme susceptible d'assurer le triomphe de la Modernité dans sa guerre acharnée contre la Tradition des Anciens[15]. Un tel couplage dépouille l'Aufklärung de ce qui

---

13 M. Heidegger, *Introduction à la métaphysique*, trad. fr. par G. Kahn, Paris, Tel/Gallimard, 1967, p. 49.

14 Nous attirons l'attention des lecteurs à quelques publications récentes invitant à un réinvestissement dans les études nietzschéennes. Nous citons, par exemple, les «*Nouvelles lectures de Nietzsche* », collectif recueilli par D. Janicaud, édité par l'Age d'Homme, Lausanne, 1985, ainsi que « *Lectures de Nietzsche* », choix de textes établi par J.-F. Balaudé et P. Wotling, édité en Livre de Poche par L.G.F., 2000, et le N° 211 de la *Revue Internationale de Philosophie*, 1/2000, notamment l'Introduction d'Angèle Kremer –Marietti, sous-titrée « *Interprétations de Nietzsche* », dont on trouve l'écho dans son excellent ouvrage « *Nietzsche ou les enjeux de la fiction* », Paris, L'Harmattan, 2009.

15 « C'est d'abord à la fin du V siècle que le terme "moderne" fut utilisé pour la première fois, aux fins de distinguer du passé romain et païen un présent chrétien qui venait d'accéder à la reconnaissance officielle. A travers des contenus changeants, le concept de "modernité" traduit toujours la conscience d'une époque qui se situe en relation avec la passé de l'Antiquité pour se comprendre elle-même comme le résultat d'un passage de l'ancien au moderne. Et ce n'est pas seulement le cas de la Renaissance, qui marque pour nous le début des temps modernes. "Moderne", on pensait aussi l'être du temps de Charlemagne, au XII siècle et à l'époque des Lumières – c'est-à-dire à chaque fois qu'un rapport renouvelé à l'Antiquité a fait naître en Europe la conscience d'une époque nouvelle. Ainsi l'*Antiquitas* fut tenu pour un modèle normatif et dont on conseillait l'imitation jusqu'à la fameuse querelle des Modernes avec les Anciens, terme qui désignait alors les défen-

fait son essence même, de ce qu'elle prône comme étant le *telos* de son investissement dans les esprits libres et les institutions en devenir. Nous estimons qu'il y a lieu de penser le statut de l'Aufklärung chez Nietzsche par le biais de son assemblage nécessairement conflictuel avec la Modernité.

Il s'agit d'une digression méthodologique prometteuse d'une nouvelle lecture de Nietzsche dont la singularité consiste à faire retrouver à Nietzsche les hauteurs de sa pensée, en retournant les éperons inépuisables de sa personnalité plurale contre ceux qui le prenaient, sinon pour le dernier métaphysicien de l'Occident, du moinssicien de l'Occident, pour le chef de file d'un mouvement qui scande le dépassement d'une modernité en faillite.

Si, par ailleurs, Hans-Georg Gadamer reconnaît à Heidegger le mérite d'avoir réussi, de par son originalité, à se faire construire "son propre Nietzsche", une telle reconnaissance nous pousse à nous demander si nous n'avons pas le droit et la liberté de nous fonder sur notre spécificité culturelle et identitaire, différente de celle de l'Occident, dans le but de nous enquérir, à travers l'œuvre nietzschéenne,

seurs du goût classique dans la France de la fin du XVII siècle. C'est seulement avec les idéaux de perfection prônés par les Lumières françaises, avec l'idée, inspirée par la science moderne, d'un progrès infini de la connaissance et d'une progression vers une société meilleure et plus morale que le regard échappa progressivement à l'envoûtement qu'avaient exercé sur chacune des époques modernes successives les œuvres classiques de l'Antiquité. Si bien que la modernité, opposant le nominalisme au classicisme, s'est enfin cherché un passé qui lui fût propre dans un Moyen Age idéalisé. Au cours du XIX siècle, ce romantisme-là donna naissance à une conscience radicalisée de la modernité, dégagée de toute référence historique et ne conservant de son rapport à la tradition qu'une opposition abstraite à l'histoire dans son ensemble. » Voir J. Habermas, « *La modernité: un projet inachevé* », in *Critique*, t. 37, n° 413, oct. 1981, p. 951.

d’un philosophe dont la typologie aurait attrait au “vrai Nietzsche”.

Pour commencer, renonçons à tout usage synonymique de ces deux concepts en question, à savoir Aufklärung et Modernité. Leur croisement ou leur recoupement de fait ne dissout nullement les enjeux de leur différence sémantique et les vecteurs hétéroclites de leurs genèses et transformations. C’est en veillant à ne jamais confondre ces deux vocables que Nietzsche témoigne autant de leur affinité symbolique que de leur distorsion fondamentale.

Notre tâche consiste alors à décrypter les chiffres de la position nietzschéenne à l’égard de l’Aufklärung à partir de ses tensions et ses rétorsions qui sont autant de formes de pérégrination dans les labyrinthes d’une pensée des “profondeurs”, laquelle n’a de cesse de se mouvoir entre “sommet” et “abîme”.

L’Aufklärung ne se dissout dans la Modernité qu’au prix d’une sorte de simplification de ses confins, l’enclavant dans les limites des Temps Modernes européens en raison sans doute d’une tendance ethnocentrique de l’Occident. Les deux critiques menées par Nietzsche à l’endroit de l’Aufklärung et de la Modernité, se frayent deux chemins différents et se développent à travers les aventures d’une pensée parodique, voire ambivalente parce que “hérissée” de contradictions et traversée par des vecteurs divers. La critique nietzschéenne de la Modernité transgresse généalogiquement les plis de l’histoire culturelle de l’Occident et y demeure négativement en prise avec l’inacceptable surpassement de la Tradition grecque présocratique. Qu’en est-il en fait de la modernité et de l’Aufklärung dans les textes de Nietzsche?

2- Les paradoxes d'une continuité trouble

L'esprit de l'Aufklärung ne peut être séquestré dans les enclaves des Temps Modernes européens que sous l'hégémonie d'une volonté ethnique et culturelle triomphante, annihilatrice de l'Autre, négatrice de toute forme d'altérité civilisationnelle. Toutefois, il faut noter que cet esprit ne jaillit pas seulement de l'antre du rationalisme occidental, du fait de l'irréductibilité de l'esprit des Lumières aux seules catégories de la pensée moderne européenne. C'est ce caractère excédentaire de l'esprit des Lumières que Hans-Georg Gadamer a voulu pointer en parlant, avec une nuance d'ordre herméneutique, de "*trois formes des Lumières*": « Nous devons, écrit-il, distinguer trois moments: les Lumières grecques, les Lumières du début des Temps Modernes, et les Lumières de notre siècle[16] ». De son côté, Tzvetan Todorov, allant contre vents et marées, reconnaît l'universalité de l'esprit des Lumières, en affirmant qu'« (...) on en trouve les ingrédients à des époques variées, dans toutes les grandes civilisations du monde » ; un fait qui prouve qu'il n'est « nullement l'apanage des seuls européens[17] ».

Une telle reconnaissance de la contribution de toute l'humanité à cet héritage monumental des Lumières démystifie le ton supérieur de ceux qui avaient mis en avant le "miracle grec", en prétendant, comme l'écrit Charles Werner, que « de l'âme, sombre et profonde, telle qu'elle existait en Orient, s'est dégagé, en Grèce, l'esprit: l'esprit comme conscience de lui-même, comme certitude de sa nature infinie ; l'esprit comme conscience de son indépendance à

16 H.-G. Gadamer, *« Les trois formes des Lumières* », in *Lumières et Romantisme*, Paris, J. Vrin, 1989, p. 11.

17 T. Todorov, *L'Esprit des Lumières*, éd. R. Laffont, Paris, biblio essais, 2006, pp. 122-125.

l'égard de toutes les choses extérieures, comme certitude de sa liberté[18] ».

Cependant, même si Nietzsche a vivement salué la grandeur philosophique du peuple attique, il a tenu à préciser que ceux-ci– « (...) parce qu'ils sont véritablement sains, ont une fois pour toutes légitimé la philosophie elle-même du simple fait qu'ils ont philosophé, et bien plus que tous les autres peuples. »[19] Mais, il serait insoutenable à ses yeux de maintenir une attitude d'antagonisme à l'endroit du rapport Orient/Occident. « L'Orient et l'Occident, écrit-il, sont des traits que quelqu'un dessine à la craie sous nos yeux pour duper notre pusillanimité[20] ».

Le moins qu'on puisse dire à ce sujet est que le philhellénisme de Nietzsche ou, plutôt, sa précoce nostalgie de la Grèce antique, ne contredit nullement la séduction qu'exerça sur lui l'imaginaire de l'Orient et les composantes de ses civilisations les plus diverses. Remarquons, d'autre part, que le philhellénisme nietzschéen, hérité de la "philosophie allemande dans son ensemble"[21], n'exclut aucunement la présence refoulée de l'esprit et de la civilisation

---

18 Ch. Werner, *La Philosophie Grecque*, Paris, Payot, 1966, p.11.

19 F. Nietzsche, « *La philosophie à l'époque tragique des Grecs* », in *Ecrits posthumes 1870/1873*, Paris, Gallimard, 1975, §. 1, p. 213.

20 F. Nietzsche, « *Schopenhauer éducateur* », in *Considérations inactuelles III et IV...*, Paris, Gallimard, 1988, tome II, §. 1, p. 19.

21 : « La philosophie allemande dans son ensemble – Leibniz, Kant, Hegel, Schopenhauer, pour ne citer que les grands – est la forme la plus profonde qui ait jamais existé de romantisme et de nostalgie d'une patrie: le désir tendu vers ce que le passé a eu de meilleur. On n'est plus nulle part chez soi ; on aspire en fin de compte à un retour vers le lieu où l'on peut se sentir d'une quelconque manière chez soi parce que c'est là-bas seulement qu'on voudrait se sentir dans sa patrie: et là-bas, c›est le monde grec ! » Voir F. Nietzsche, *Œuvres philosophiques complètes, FP, XI, 41[4].*

orientale renvoyés allusivement à des connaissances, à la fois latérales et stigmatisés, tenues par Nietzsche à l'endroit de l'Orient[22].

Nous sommes enclins à définir la modernité – si modernité il y a – comme étant à l'origine un phénomène issu de l'envolée renaissante de la civilisation occidentale, ayant certes l'Europe pour foyer géo-politique d'une culture de masse, judéo-chrétienne à l'origine, d'où fait irruption, évolue et décline le processus de sa vitalité cyclique. Cette modernité-là se traduit, entre autres, par le conflit de l'homme –dit moderne- avec la Tradition, et sa tendance à révolutionner les rapports de l'homme à la nature et de l'homme à l'homme, en optant a fortiori pour l'instauration d'institutions politiques laïques se réclamant des idées "scientifiques" et des modes séculiers d'une vita activa laborieuse.

La critique nietzschéenne de la modernité semble se présenter, non seulement comme une dénonciation de l'aberration de la raison quant à la généalogie viscérale des êtres et des événements, mais encore comme une mise au pilori d'un processus inéluctable de dégénérescence de toutes les valeurs et d'épuisement vital de l'homme moderne, transmué en pantin effaré convenant, comme par instinct, aux protocoles de la bonhomie et de l'aveugle mimésis. Nietzsche n'hésite pas à se ranger formellement parmi les hommes modernes afin de déceler de l'intérieur les aspects de la décadence physiologique découlant de la "férocité

22 « Il y a quelque chose d'oriental et quelque chose de féminin dans le christianisme: cela se trahit dans la pensée: "Dieu châtie celui qu'il aime", car les femmes, en Orient, considèrent les châtiments et un sévère isolement de leur personne loin du reste du monde comme des marques de l'amour de leur mari, et se plaignent lorsque ces marques font défaut. » Voir F. Nietzsche, *Aurore*, *in OPC.*, Livre premier, §. 75, p. 64. Voir aussi *FP.*, in *OPC*, tome X, §. 26[422], p. 292.

de l'abêtissement moral". « (…) nous modernes, écrit-il, avec notre sollicitude pour nous-mêmes et notre amour du prochain craintifs, avec nos vertus de travail, d'absence d'exigence, de légalité, de scientificité – thésauriseurs, économes, rationnels, machinaux - une époque faible (…) Nos vertus sont conditionnées, sont provoquées par notre faiblesse…[23] ».

La détection sceptique de cette faiblesse, à caractère asthénique, contribuant à l'assombrissement des Temps modernes, rime avec le diagnostic nietzschéen du nihilisme européen dont les stigmates s'inscrivent en tant que "ruines" aux bords de ce « (…) temps d'une grande déperdition (*Verfall*) et d'une grande décomposition…[24] ». Il est donc très probable que Nietzsche n'a dressé un tableau aussi terne d'une modernité souffrant la décrépitude de ses propres valeurs qu'en raison d'un accompagnement souterrain du nihilisme visant, d'une part, à déchiffrer ses codes d'« aversion rageuse et rancunière à l'égard de la vie elle-même[25] », et d'autre part, à le retourner contre lui-même afin qu'il s'écrase à son origine, au fond même du néant. «(…) pour nous, aujourd'hui, écrit Nietzsche, nous nous égayerons, parce que nous voyons ce spectacle dans l'étincelant miroir magique que nous tend un philosophe-parodiste, dans la tête duquel l'époque a ironiquement pris conscience d'elle-même, et c'est avec une clarté "touchant à l'infamie"(pour parler comme Goethe)[26] ».

---

23 F. Nietzsche, *Le Cas Wagner – Crépuscule des idoles*, présentations et tr. fr. par E. Blondel et P. Wotling, Paris, GF, 2005, p. 201.

24 F. Nietzsche, *Le nihilisme européen*, Paris, U. G. E., 10/18, tr. fr. et notes par A. Kremer-Marietti, §. 57, p. 227.

25 Ib., « *Essai d'autocritique* », in *La naissance de la tragédie*, Gallimard, Paris, 1977, §. 5, p. 31.

26 Nietzsche, *Considérations inactuelles I et II*, Gallimard, Paris, 1990, II, § 9, p. 151.

La modernité présente un cul-de-sac correspondant à une crise de sens dont le foyer n'est que le *subjectum*, à partir duquel l'épistémè moderne s'est faite la charpente d'un rapport spéculaire entre l'homme et la nature. Désormais, l'être humain cherche en vain à se montrer dans le miroir de la nature ; ce qu'il finit par voir et trouver est de l'ordre de ce qu'il invente, un pis-aller d'une nature dé-naturée. Kant limite le connaître humain au monde perceptible des phénomènes. Nietzsche va, pour sa part, plus loin et remarque que : « L'humanité a, envers la nature dans son ensemble, un rapport d'utilité calculatrice...[27] ».

Une telle affirmation équivaut vraisemblablement à une reconnaissance aussi cruelle que périlleuse de la dimension proprement pragmatique du Savoir. En effet, la connaissance n'a rien de ce qui ressemble à une vaine curiosité visant à satisfaire l'orgueil de l'homme. Elle est plutôt la ruse de cet animal le plus faible de par sa nature, ayant comme cible l'assurance de son emprise sur les forces aveugles de l'univers dont « (...) une vapeur, comme disait Pascal, une goutte d'eau suffit pour le tuer. Mais quand l'univers l'écraserait, l'homme serait encore plus noble que ce qui le tue, puisqu'il sait qu'il meurt et l'avantage que l'univers a sur lui. L'univers n'en sait rien[28] ». Par ailleurs, Nietzsche nous prévient que "le désert croît" et que la connaissance, saisie par le pouvoir réifiant de la technique, n'atteindra le zénith de ses développements qu'en aboutissant à l' « anéantissement de la nature ». En tant que philosophe du tragique,

27 F. Nietzsche, *Œuvres philosophiques complètes*, Paris, Gallimard, 1997, F.P., IX, 14[2], p. 492. Voir aussi *Aurore*, in *OPC*, *FP*., §. 3[129]: « La raison est une imagination devenue sage à ses dépens, grâce à l'amélioration continue de sa vue, de son ouïe et de sa mémoire. »

28 B. Pascal, *Œuvres complètes*, préf. par Henri Gouhier et prés. et notes de Louis Lafuma, Paris, Seuil, 1963, Pensées - Papiers classés, 200-347, p. 528.

Nietzsche s'insurge contre tout « instinct effréné du savoir, (...) le savoir à tout prix » qui ne peut être à l'origine que d' « une science aveugle[29] ».

De par ses attraits vers la compréhension de l'ordre de la nature en terme de sécularisation et l'unification cognitive de ses phénomènes, la modernité a modelé l'ordre du savoir à l'aune de la certitude de soi du sujet qui, en se fondant sur une forme inconditionnée de cognoscibilité, se consacre à l'instauration systémique de la "mathesis universalis". C'est dans cette optique que Heidegger tente de déterminer le « caractère fondamental de l'attitude moderne du savoir », tout en mettant l'accent sur « la prétention nouvelle du savoir (qu'est) la prétention mathématique[30] ». Or, cet élan d'axiomatisation de la connaissance ne tarde pas à transformer la modernité en théâtre de perversion du savoir, dégradé au rang d'une "fabulation majeure", faisant figure d'un anthropomorphisme soigneusement déguisé. Nietzsche dénonce, par suite, le caractère fantasmagorique de l'intellect qui accule l'être humain à vivre dans un « monde étrangement simplifié et falsifié [31] ».

Affichée *de facto* comme le principe même de l'Aufklärung servant de socle à un projet colossal d'« éducation du genre humain », l'idée d'éclairement s'amenuise

29 Nietzsche, *Le Livre du philosophe – Etudes théorétiques*, tr. fr., introd. et notes par A. K.-Marietti, Paris, GF, 1969, §37, pp. 47-48.

30 Heidegger, *Qu'est-ce qu'une chose?*, tr. fr. par J. Reboul et J. Taminiaux, Paris, Tel/Gallimard, 1992, [52], p. 80.

31 Nietzsche, *Par-delà le bien et le mal*, tr. fr. par C. Heim, Paris, Idées/Gallimard, 1983, § 24, p. 40. Nous citons encore Nietzsche afin d'appuyer la même idée de perte de l'axiomatisation de sa valeur épistémique: « La rigoureuse formulation mathématique (comme chez Spinoza), qui faisait sur Goethe une impression si apaisante, n'a justement plus guère droit de cité que comme moyen d'expression esthétique. », *Le Livre du philosophe*, op. cit., § 49, p. 54.

au fil d'une dissolution funèbre de l'homo sapiens, cédant la place aux pénombres d'un homo laborans, voire d'un animal de labeur dont l'unidimensionnalité et l'emprise dans "l'étau de la domination" reflètent la donne du régime grégaire et les aspects les plus inquiétants de "la vie quotidienne dans le monde moderne". Il y a, ainsi, tout lieu d'affirmer que la consécration moderne de l'idée d'éclairement est survenue, par parade et mesquinerie, en raison d'un sauvetage des hommes claustrés au fond des engrenages de la société moderne.

« L'époque moderne, écrit Hannah Arendt, s'accompagne de la glorification théorique du travail et elle arrive en fait à transformer la société tout entière en une société de travailleurs. Le souhait se réalise donc, comme dans les contes de fées, au moment où il ne peut que mystifier. C'est une société de travailleurs que l'on va délivrer des chaînes du travail, et cette société ne sait plus rien des activités plus hautes et plus enrichissantes pour lesquelles il vaudrait la peine de gagner cette liberté. Dans cette société qui est égalitaire, car c'est ainsi que le travail fait vivre ensemble les hommes, il ne reste plus de classe, plus d'aristocratie politique ou spirituelle, qui puisse provoquer une restauration des autres facultés des hommes[32] ».

Il s'agit, en effet, d'une glorification de l'égalitarisme qui ne trouve le paradigme de sa réalisation que dans la figure iconique de l'*homo labor*, cette bête de labeur aiguillée par le principe du plaisir et du gain. Un tel nivellement par le travail renforce extérieurement le grégarisme des hommes, mais reproduit la société humaine sous forme de foule solitaire, réduite à un hédonisme instantané. La

32 H. Arendt, *Condition de l'homme moderne*, tr. fr. par G. Fradier, éd. Calmann-Lévy, coll. Agora / Pocket, Paris, 1994, p. 37.

sphère de l'humain semble, de ce fait, touchée d'un rétrécissement de la condition de cet "être des lointains" qui a perdu tout espoir de mener au sein de ce monde tellurique une vie digne d'un "maître et possesseur de la nature".

Compte tenu de cet imbroglio conceptuel joignant l'Aufklärung à la Modernité, tout recours à l'effectivité historique dans le but de les démêler conduit à une cécité totale à l'endroit de ce qu'aurait pu être, aux yeux de Nietzsche, le déploiement authentique de l'Aufklärung. Réduire cette idée d'Aufklärung et les potentialités libératoires qu'elle requiert de celle-ci à ce qu'elle ne joue que le rôle de garde-fou de la modernité serait une ruse des modernes qui, en dépit de leurs luttes contre le dépérissement intrinsèque des idéaux de liberté et de bien-être de tous, se trouvent face à face avec le « (...) caractère général de la décadence européenne[33] ». Ce serait, dès lors, commettre une pétition de principe que de prendre l'Aufklärung pour une simple constellation, - une entaille monolithique - de la conception moderne du monde. L'Aufklärung, soulignons-le, n'est pas nécessairement l'expression d'une modernité quelconque. Nietzsche voudrait justement qu'elle « soit aussi une aurore[34] » à travers laquelle nous détectons « (...) grandeur et simplicité et grâce de l'ancienne Athènes[35] ».

---

33 Nietzsche, *Le Cas Wagner – Crépuscule des idoles*, tr. fr. par E. Blondel et P. Wotling, Paris, GF, 2005, p. 62.

34 Ibid., *Fragments posthume Eté 1882-printemps 1884,* Paris, Gallimard, 1997, IX, 4[29], p. 126.

35 Nous citons en entier le fragment posthume témoignant des valeurs du génie et de la sérénité grecs: « Toute pensée qui s'épanouit finit par susciter une forme appropriée de luxe, c'est sa dernière manifestation. Dans les arts comme dans l'art de vivre en société. Toute culture *adulte* a son luxe. – Mais montrez-moi un inventeur d'idée dont l'extérieur et les paroles ne soient pas empreints de simplicité et d'économie. – la pensée génératrice de luxe se grave sur chaque vase, s'inscrit en chaque

En revanche, la Modernité européenne s'est forgé son idée propre de l'Aufklärung, en se fondant sur un dispositif conceptuel qui, au lieu d'élever le type d'homme correspondant à l'esprit libre, s'est vu cultiver les « vices modernes » sous la nébuleuse d'un amendement de l'humanité et de sa « délivrance de tout péché[36] ». Alors, la Modernité n'implique pas, dans son jeu transformationnel de la société et de l'homme, tout simplement les atouts affichés de l'Aufklärung, mais elle ménage surtout le scénario retors d'une Aufklärung renversée. De ce fait, la Modernité ne fausserait-elle pas, de par les mésaventures du Sujet métaphysique et l'écroulement des fondements de l'esprit des Lumières, l'accès à l'idée initiale de l'Aufklärung, du moment que « l'histoire de la modernité est celle de la rupture lente mais inéluctable entre l'individu, la société et la nature[37] »?

Précisons, pour continuer, que la critique nietzschéenne de la modernité européenne ne procède aucunement de l'idiosyncrasie d'un mythomane qui, tout en dénonçant l'épuisement et la décadence des idéaux fantomatiques de son temps, s'enivre en contrepartie de la sérénité du génie supérieur de la Grèce antique. Une telle critique répond à l'ordre d'un dispositif antipsychologique dont les décodages accouchent d'un chef d'accusation généalogique et mettent fin à l'hégémonie artificielle des valeurs établies de la culture moderne. Il s'agit doublement d'un diagnostic de l'état de santé de la civilisation occidentale et d'un

---

geste (par ex. grandeur et simplicité et grâce de l'ancienne Athènes), Aurore, 6[333], pp. 532-533.

36 F. Nietzsche, *La volonté de puissance*, tr. fr. par H. Albert, Paris, L.G.F., Le Livre de Poche, 1991, §. 212, p. 225.

37 A. Touraine, *Critique de la modernité*, Paris, Librairie Arthème Fayard, biblio/essais, 1992, p. 199.

déchiffrement "laborieux" ou, tout au plus de désastre, du « long texte hiéroglyphique (…) du passé de la morale humaine[38] », à l'issue duquel Nietzsche réussit à mettre à nu les problèmes de la modernité et à transvaluer les valeurs immaculées du christianisme, en les confrontant à leur nullité dissimulée.

Cette attitude d'étrangeté, conçue et vécue par Nietzsche, à l'endroit de la modernité européenne ne relève nullement d'un pessimisme apathique face à l'assombrissement des horizons d'un monde désenchanté[39]. Au contraire, Nietzsche

38 Nietzsche, *Contribution à la généalogie de la morale*, tr. fr. et notes par A. Kremer_Marietti, Paris, U. G. E., coll. 10/18, 1974, p. 122. Nous citons encore Nietzsche dans un fragment posthume qui élucide son rapport conflictuel avec la culture de son temps: « Il est certain que notre culture actuelle est une chose lamentable, un potage aux relents de pourriture où ne nagent pêle-mêle que de peu appétissants morceaux, des bouts de christianisme, de savoir, d'art, où même des chiens ne sauraient trouver leur pitance. Mais les moyens d'opposer quelque chose à cette culture sont à peine moins lamentables – à savoir le fanatisme chrétien, ou la fanatisme scientifique, ou le fanatisme artistique d'individus qui tiennent tout juste sur leurs jambes ; c'est comme si on voulait guérir un manque par un vice. Mais en réalité, la culture actuelle paraît si lamentable parce qu'une grande tâche s'est levée pour elle à l'horizon, à savoir la révision de toutes les appréciations de valeur ; mais pour cela, avant même de placer toutes choses sur la balance, il faudrait d'abord disposer d'une balance – je veux dire de cette équité suprême de l'intelligence suprême dont le fanatisme est l'ennemi mortel et dont l'actuelle « culture pluridisciplinaire » n'est que le singe et le baladin. », *Aurore*, FP., 3[158]-[238], p. 374.

39 « L'assombrissement, la coloration pessimiste sont une conséquence nécessaire des Lumières. Vers 1770, on notait déjà un déclin de la gaieté; certaines femmes pensaient, avec cet instinct féminin qui toujours se range dans le camp de la vertu, que l'immortalité en était responsable. (…) Si J'imagine maintenant que j'ai quant aux Lumières de l'esprit quelques siècles d'avance sur Voltaire et même sur Galiani --- qui était quelqu'un de bien plus profond --: à quel degré d'obscurité justement ne devrais-je donc pas être parvenu ! C'est même d'ailleurs réellement le cas: et j'ai pris à temps mes pré »cautions, non

a tout sacrifié afin de ressusciter une noblesse d'esprit dont les "vertus" pourront tenir tête à une forme décadente de culture grégaire se nourrissant de l'hétéronomie de l'homme et de sa créance.

3- Nietzsche et les sortilèges de l'Aufklärung

Si Nietzsche n'avait de choix, en face de l'Aufklärung, que de céder le pas au caractère amphibologique de sa pensée, comment comprendre dans ce lieu même, notamment sous l'instigation de Lewis Call, son attitude, tout à la fois, critique et captive des Lumières? Mais n'y aurait-il pas lieu de soutenir plutôt l'hypothèse de cette amphibologie, si on gardait présente à l'esprit la nature contradictoire de l'Aufklärung elle-même? L'Aufklärung de Nietzsche ne trouve-t-elle pas son expression la plus élaborée dans l'élan critique qui avait débouché, à travers Aurore et Le Gai Savoir, sur l'éclosion de sa propre sensibilité philosophique[40]?

La prise à partie de l'Aufklärung par Nietzsche semble aussi concrète que sa digression de "psychologue des pro-

---

sans une sorte de regret, face à l'étroitesse allemande et chrétienne, et face à l'inconséquence du pessimisme de Schopenhauer ou même de Léopardi, et j'ai cherché des types de pessimisme plus essentiels(…) Mais nous supporter *ce* pessimisme extrême (tel qu'il ressort çà et là dans ma « Naissance de la tragédie »), pour vivre seul "sans Dieu, ni moral", j'ai dû m'inventer une contrepartie. Peut-être suis-je le mieux placé pour savoir si profondément qu'il n'a pu faire autrement que d'inventer le rire. L'animal mélancolique et malheureux est, comme de juste, le plus gai. » Voir F. Nietzsche, *Fragments posthumes Automne 1884-automne1885*, in OPC., §. 36[49].

40 « L'*Aufklärung* de Nietzsche ne se fait pas d'illusion sur elle-même: Elle ne croit pas sérieusement à la raison, au progrès, à la "science", mais elle prend la science comme un moyen de mettre en question la religion, la métaphysique, l'art et la morale, et d'en montrer le caractère " problématique". » Voir E. Fink, *La philosophie de Nietzsche*, trad. de l'allemand par H. Hildenbrand et A. Lindenberg, Paris, Minuit, 1965, p. 65.

fondeurs" par rapport au processus historique du rationalisme des Lumières[41]. Notons à ce niveau que le sérieux de ce différend avec l'esprit des Lumières contredit toute intégration irréfléchie de Nietzsche dans la lignée des penseurs qui avaient relayé « le combat des Lumières avec la superstition[42] ». Il suffit de rappeler à ce sujet la remarque de Cassirer selon laquelle « l'attitude critique et sceptique à l'égard de la religion » n'incarne aucunement « l'essence même de la philosophie des Lumières[43] ».

Comment peut-on alors répondre par une offensive contre les Lumières et contrecarrer ceux qui ont eu, depuis le XVIII siècle, la prétention de prendre part à une alliance dynamique de l'Humanité et du progrès? Y aurait-il raison, par conséquent, à tenir comme pertinente cette attitude soutenue par Adorno au sujet de Nietzsche: « Nous devons poser, une fois pour toutes, que Nietzsche est un homme des Lumières et qu'il appartient à la tradition de la pensée des Lumières[44] » ?.

Remarquons d'abord que Nietzsche semble pris dans un conflit des interprétations, - dont il y a lieu de démêler les amalgames et les glissements de sens – et dont seul Nietzsche paye les frais. Le problème n'a surtout rien d'un

---

41 « Le rationalisme des Lumières a été en son temps une idéologie progressiste liée à l'ascension du tiers état, à la bourgeoisie en train de construire la société capitaliste moderne. » L. Goldmann, *Epistémologie et philosophie politique - Pour une théorie de la liberté*, Paris, Denoël/Gonthier, 1978, p.73.

42 Hegel, *Phénoménologie de l'Esprit*, trad. de l'allemand par G. Jarcyk et P.-J. Labarrière, Paris, Gallimard, 1993, p. 482.

43 E. Cassirer, *La philosophie des Lumières*, trad. de l'allemand par P. Quillet, Paris, Arthème Fayard, 1966, p. 193.

44 Hans-Georg Gadamer, *Nietzsche l'Antipode – Le drame de Zarathoustra*, tr. de l'allemand par Christophe David, Paris, Allia, 2000, p. 64.

simple litige, car il y va de tout ce qui constitue le perspectivisme nietzschéen. Le désenchantement de Nietzsche à l'endroit des idéaux de l'Aufklärung, loin de se traduire par une « lutte amoureuse[45] », donne lieu à « une grande déclaration de guerre[46]». C'est dans ce sens que Nietzsche s'engage dans une « ténébreuse affaire, à la responsabilité écrasante » dans le but de ressusciter « le premier instinct de la vie spirituelle[47] ». Disons, d'emblée, que Nietzsche n'appartient, pas plus que Hölderlin d'ailleurs, à l'humanisme du XVIII siècle, dès lors « (...) qu'il pense le destin de l'essence de l'homme plus originellement que cet "humanisme" ne peut le faire[48] ».

Ce même Nietzsche, qui pensait pouvoir briser en deux l'histoire du monde se réclame d'un immoralisme subversif capable de « (...) faire justice des falsifications de quatre millénaires...[49] » C'est en liquidant la « forme la plus pernicieuse de la volonté de mensonge » que Nietzsche se livre, avec la conviction d'être « l'homme de la fatalité », à une mission qui consiste à exorciser le mensonge de l'idéal coupable de ce que l'humanité elle-même « (...) est devenue mensongère et fausse – jusque dans ses instincts les plus profonds...[50]».

45 M. Heidegger, *Lettre sur l'humanisme*, tr. de l'allemand par R. Munier, Paris, Aubier/Montaigne, coll. Bilingue, 1989, p. 91.
46 Ibid., op. cit., p. 119-120.
47 F. Nietzsche, *Le Cas Wagner – Crépuscule des idoles*, Présentations et traductions de l'allemand par E. Blondel et P. Wotling, Paris, GF, 2005, p. 119-120.
48 Ibid., op. cit., p. 49.
49 F. Nietzsche, *Ecce Homo –Comment on devient ce que l'on est*, Texte établi par G. Colli et M. Montinari, tr. de l'allemand par J.-Cl. Hémery, Paris, Gallimard, coll. Idées, 1985, p. 136.
50 Ibid., op. cit., Avant-propos, 2, p. 10.

De son vivant, Nietzsche incarnait l'homme doté d'une indépendance d'esprit, qui ne cessait de cultiver la probité intellectuelle constituant le socle de la volonté de puissance. Mais sans se confondre avec toute forme de misanthropie, un tel homme possède mille et une raisons de promulguer que le péril qui le menace est le dégoût que lui inspire l'homme[51], « le dernier homme ». Nietzsche, « cette énigme faite chair, ce monstre de lumière », ne s'acharne contre l'instinct de la connaissance et, plus particulièrement, contre l'entendement qui est « une force de surface », que dans l'intention de déplacer les « barrières et limites habituelles de l'existence[52]... »

Rebelle à la "tyrannie du Logos", Nietzsche tente d'en découdre avec la volonté de système dont il redoute le « manque d'intégrité[53] ». Sa désillusion à l'endroit des chimères accréditées jadis par l'anthropomorphisme moral des hommes marque, à coup sûr, la tentation qui le pousse à rebâtir un monde dédivinisé, au sein duquel le chaos, ne répondant qu'aux signes de l'*amor fati*, voire, de l'amour tragique de la fatalité, se donne pour l'inépuisable idiome du perspectivisme de la Vie. L'expression provocatrice de Nietzsche, " *Chaos sive Natura*", vise à reconnaître par-delà bien et mal, et surtout aux dépens des fondements ontologiques et morales de l'idée de *l'hen kai Pan* (l'Un-Tout), « les caractères spécifiques de la vie – injustice, mensonge, exploitation- ». C'est en brisant en deux la tradition, - placée sous l'égide de la morale-, de l'explication de l'idéa-

51 F. Nietzsche, « *Pourquoi je suis un destin* », in *Ecce Homo*, op.cit., 6, p. 149.

52 Ibid., « *La vision dionysiaque du monde* », in *Ecrits posthumes 1870-1873*, Textes et variantes établis par G. Colli et M. Montinari, traduits de l'allemand par J.-L. Backès..., Paris, Gallimard, 1975, p. 60.

53 Ib., *Le Cas Wagner – Crépuscule des idoles*, Présentations et traductions de l'allemand par E. Blondel et P. Wotling, Paris, GF, 2005, §. 26, p. 125.

lisme allemand avec le spinozisme, que Nietzsche réussit à créer une nouvelle affinité élective avec Spinoza, fondée sur une espèce de lien de sang corollaire de la seule idiosyncrasie philosophique de la personne.

Spinoza, - ce précurseur de Nietzsche, comme en témoigne la carte postale envoyée de Sils-Maria le 30 Juillet 1881 à Franz Overbeck -, n'a plus à se plier à la volonté de la pensée allemande qui cherchait dans son Œuvre la référence constante à l'idée de la totalité. C'est plutôt sa conception de la causa sui, considérée par Nietzsche comme « la plus éclatante contradiction interne que l'on ait jamais forgée jusqu'à ce jour[54] », qui prédisposerait la pensée nietzschéenne à ne prendre, à travers ses assauts sporadiques contre le panthéisme de Spinoza, que la figure d'un spinozisme inversé. Un spinozisme renégat dont l'abdication de soi consiste à ne plus pouvoir passer au travers des filets du système préétabli de la Nature naturante. Du « *Chaos sive natura* » à l'« *Amor fati* » le destin tragique de la pensée nietzschéenne se tissa au rythme d'une fissuration grandissante de l'horizon immaculé de la Raison dans l'Histoire.

Ces deux grandes figures hérétiques de l'histoire de la pensée philosophique s'accordent, malgré cela, à dénoncer tout discours donnant droit de cité à la transcendance et à la téléologie. Mais si Spinoza se prête, sous l'impulsion de Lessing et de Moses Mendelssohn, à jouer le rôle du théoricien de l'Aufklärung juive du XVIII **ème** siècle, Nietzsche témoigne, par contre, d'une résistance paradoxale à l'égard de l'esprit de l'Aufklärung, en frayant la voie sinistre de la mort de Dieu.

S'il y a lieu, disons plutôt raison, d'appeler "Nietzsche l'antipode", ce serait dans le sens de son attitude ambiva-

54 F. Nietzsche, *Par-delà bien et mal*, tr. de l'allemand par C. Heim, Paris, Idées/Gallimard, 1983, §. 21, p. 35.

lente vis-à-vis de l'Aufklärung. Nous ajoutons, juste pour corroborer cette thèse, que la critique nietzschéenne de l'esprit des Lumières ne se laisse guère confondre avec le dénigrement inconditionnel de la *Weltanschauung* mise en marche **dès** l'aube du XVIII è siècle. D'ailleurs, Nietzsche, aux yeux duquel « le XVIII è siècle fourmille de contradictions », ne pouvait guère nier que cet esprit-là n'était qu'un pis-aller de la morale chrétienne dont la finalité consiste, en posant « un au-delà ou un en-soi des choses, qui serait le "divin", la morale incarnée», à consacrer le « caractère absolument intenable de l'existence[55] ».

Dans ce cas-là, l'Aufklärung se voit fondée sur la « croyance dans les catégories de la raison » qui serait à l'origine d'un atavisme métaphysique corrélatif du nihilisme. Du coup, rien ne paraît plus concourir à la propagation sociale de l'idéal de la lumière naturelle de la *ratio*. Au contraire, la prétention de l'esprit des Lumières d'être la matrice d'une luminosité infaillible, faisant régner une sorte de paix perpétuelle entre les hommes, s'effondre à l'approche de la terreur dont les forces obscures et régressives mettent en œuvre « les tentatives pour s'opposer au nihilisme sans renverser les valeurs établies: produisent le contraire, aggravent le problème[56] ».

Mais, avant de vérifier le mode de déploiement et d'implication de l'esprit des Lumières dans l'affaire du nihilisme, il faut d'abord montrer les dispositifs au moyen desquels Nietzsche perce les arcanes d'un vocable tant controversé comme le nihilisme.

---

55 F. Nietzsche, *Le nihilisme européen*, tr. et notes par A. K.- Marietti, Précédé de « *Que signifie le nihilisme?* » par A. K.- Marietti, Paris, U.G.E., coll. 10/18, 1976, p. 171.

56 F. Nietzsche, *Le nihilisme européen*, p. 191.

4 - L'échec du criticisme de l'Aufklärung: Du panthéisme comme « ruse de la raison » du nihilisme

Y a-t-il lieu de semer le doute au sujet de l'esprit des Lumières qui, de par sa filiation avec le criticisme kantien, demeure tributaire d'une vision morale et téléologique de l'existence humaine? Doit-on remarquer que rien ne peut dissiper l'ambiguïté de l'explication nietzschéenne avec les avatars de l'esprit de l'Aufklärung? Le fait d'avancer les différences spécifiques inhérentes à chaque esprit éclairé qui s'inféode de par ses origines à la culture d'un pays, parmi d'autres, de l'Europe, ne semble point capable d'éclairer le nœud problématique de la dualitude en question.

Depuis ses origines les plus lointaines, l'esprit des Lumières avait projeté comme finalité l'instauration d'un monde meilleure dont la réalisation dépendrait du triomphe d'une raison hostile à l'ignorance, à la superstition et à la tyrannie. Certes, l'état de minorité décrié par Kant comme étant l'indice d'une aliénation intériorisée, régissant la vie d'un être dépouillé de sa liberté, condamne les hommes à vivre dans une léthargie claquemurant, devant eux, la voie des fins ultimes de leur existence. Cet état de dépendance et d'amenuisement ne pouvait être que le symptôme d'une « (…) impuissance devant les hommes », dont le lot ne serait que « (…) l'amertume la plus désespérée face à l'existence [57] ».

Loin de constituer le processus d'un progrès élevant l'homme au paroxysme de son développement vital, l'Aufklärung se retourne contre ses visées salvatrices les plus chères et se cristallise sous la forme d'une matrice de décadence camouflée. C'est ce qui revient à dire que

57 F. Nietzsche, *Le nihilisme européen*, op.cit., p. 221.

l'Œuvre de Nietzsche procède d'une mauvaise conscience qui prend acte d'une crise du sens, allant de pair avec un écroulement imminent de l'odyssée de l'Aufklärung. En effet, l'épuisement du projet de l'Aufklärung se traduit à travers la montée du nihilisme dont témoigne l'empire des "vices modernes" sur l'idiosyncrasie des hommes : « surmenage, curiosité et sympathie[58] ». Telles sont les vices qui attestent la défiguration de l'*homo natura*, mis au monde sous la figure d'un *bios politikos* transformé en une bête de labeur apprivoisée par l'Etat, tout en tirant jouissance de l'ordre du cabotinage caractéristique de l'homme moderne. Cette déchéance est à l'origine de l'avènement du "dernier homme" qui traduit, par son existence vénielle et pitoyable, « (...) l'abject, l'absurde, le malade, le lâche, le fatigué, la lie en tout genre déposée dans la coupe vidée jusqu'à la dernière goutte de sa vie[59]... ».

Dans sa guerre contre le nihilisme, Nietzsche se fait volens nolens l'héritier de Jacobi dont l'acharnement contre le rationalisme de l'Aufklärung visait tout particulièrement le panthéisme de Spinoza. Passé sous silence dans l'œuvre nietzschéenne, Jacobi ne pouvait pas ne pas être partie prenante dans ce combat à mort contre le nihilisme, engagé en vue d'un "grand affranchissement" par un gai et hardi luron qui se déclare à bon escient « ennemi et accusateur de Dieu[60] ». Nous devons, toutefois, ajouter une nuance en spécifiant que Jacobi défendait, contre la tyrannie de l'entendement cédant à la tentation de démontrer Dieu ou la

---

58 F. Nietzsche, *Œuvres philosophiques complètes*, FP., tome XIII, 9[141], p. 78.

59 F. Nietzsche, *Le Cas Wagner – Crépuscule des idoles*, prés. et tr. de l'allemand par E. Blondel et P. Wotling, Paris, GF, 2005, §. 32, p. 194.

60 F. Nietzsche, *Humain, trop humain – Un livre pour esprits libres*, in *OPC.*, Paris, Gallimard, 1968, tome I, préf. 1, p. 13.

liberté, l'idée que « (...) Dieu peut être objet non pas de science, mais seulement de foi. Un Dieu qui serait objet de science ne serait pas un Dieu[61]». Il se pourrait, par conséquent, que Nietzsche s'acharne contre Jacobi, en lui reprochant son adoption d'une foi anti-intellectualiste qui se ressource auprès de l'enseignement des Ecritures Saintes. Mieux encore, si l'on juge Jacobi à l'aune de cette tâche qui consiste à vouloir éradiquer les causes du nihilisme, il serait pris en flagrant délit de nihilisme passif.

Il est certain que toute affirmation impliquant Nietzsche passivement dans l'affaire du nihilisme européen, sans mentionner pour autant les rebondissements salvateurs de la guerre qu'il avait déclenchée contre les ombres de « ce plus inquiétant de tous les hôtes[62] » verse volens nolens dans l'attitude heideggérienne affirmant que « (...) la métaphysique de Nietzsche ne revient pas à surmonter le nihilisme. Elle est l'intrication dernière dans le nihilisme[63] ». Pire encore, les voix de Nietzsche se réduisent à n'être qu'un simple avatar du pessimisme moderne, dont faisait partie son unique éducateur, Schopenhauer.

En contrepartie, ces considérations s'estompent et tombent apparemment en discrédit face à une confession de Nietzsche lui-même, qui ne reconnaît comme attrait de sa propre philosophie que celui qu'on accorde volontiers à un « platonisme renversé ». Le paradoxe semble, de part et d'autre, l'un des plus ardus, du moment qu'aucun discours n'avait le courage de prétendre lui trouver une solution tranchante.

---

61 Jacobi, « *Lettre à Fichte* », in *Œuvres philosophiques de F.-H. Jacobi*, trad. par J.-J. Anstett, Paris, Aubier/Montaigne, 1946, p. 305.

62 F. Nietzsche, *OPC.*, tome XII, FP., 2[127], p. 129.

63 M. Heidegger, *Nietzsche* II, tr. par P. Klossowski, Paris, Gallimard, 1971, p. 273.

Essayons de déplier le problème en partant du vocable en question, dont la détermination ontologico-historiale condamne la pensée de Nietzsche - selon Heidegger bien sûr – à n'être que « (…) le fondement d'essence du nihilisme classique. » Il serait, avant tout, de notre devoir de noter expressément avec Michel Haar que: « Dans le mot "nihilisme" se lit déjà « une dualité (sinon une pluralité) de sens[64] ». En effet, ce terme s'est donné, au cours du XIX ème siècle, à corps perdu aux avatars de l'interprétation. Toutefois, Nietzsche dirige contre le nihilisme une investigation généalogique qui oriente l'avenir vers le tournant fatidique auquel l'humain devra nécessairement se préparer et "vivre dangereusement". « Ce que je raconte, écrit Nietzsche, c'est l'histoire des deux prochains siècles. Je décris ce qui vient, ce qui ne peut pas venir autrement: l'avènement du nihilisme[65] ».

Le nihilisme ne reflète pas seulement un état d'esprit ou bien un acte de volonté, ni même une conception ou une vision du monde, il est peut-être le moulage de tout cela à la fois, mais avec l'ajout d'une dose de créance qui en fait l'ersatz d'un narcotique et d'une "souillure immortelle" engouffrant l'humanité dans la dépendance et la détresse. « (…) c'est une erreur, écrit Nietzsche, de renvoyer à des "états sociaux de détresse" ou à des "dégénérescences physiologiques" ou même à une corruption comme cause du nihilisme. C'est (…) dans l'interprétation christiano-morale que se tapit le nihilisme[66] ».

---

64 M. Haar, « *Nietzsche* », in *Histoire de la philosophie*, sous la direction de Yvon Belaval, Paris, La Pléiade, tome III, 1996, p. 320.

65 F. Nietzsche, *Le nihilisme européen*, trad. et notes par A. Kremer-Marietti, U. G. d'éditions, coll. 10/18, p. 165.

66 F. Nietzsche, *OPC.*, Paris, Gallimard, 1978, tome XII, 2[127], p. 129.

Ajoutons encore que Nietzsche a forcément opté pour la subversion du nihilisme, de cette "volonté du néant", en partant du point où Voltaire a dû s'arrêter. Ce dernier était un gentilhomme qui, convaincu de ce que les Lumières pourraient offrir aux hommes en matière de liberté et des droits civiles, n'a pas hésité à proférer un cri de ralliement contre le fanatisme, l'intolérance et l'autorité ecclésiastique: « Ecrasez l'infâme[67] ! ».

Mais, Nietzsche ne pouvait nullement s'arrêter là où Voltaire s'est limité à dénoncer les superstitions et les préjugés qui engloutissaient les hommes dans les bas-fonds de l'ignominie et de la servitude. La contribution qu'il apporte à ces tentatives visant, à tort et à raison, à reconnaître la dignité de l'homo natura consiste à chambarder le "royaume des ombres" qui abrite encore le « monstre le plus froid », ainsi que « (...) la pitoyable actualité jacassante de politique et de rage égocentrique des peuples[68] ».

En effet, la méfiance nietzschéenne a suspendu tout idéal, et tout particulièrement ceux de l'Aufklärung. Elle a mis hors jeu la prétendue autonomie légale de l'*homo*

---

67 Nietzsche dénote qu'en dépit de son affinité élective avec la théologie, l'hégélianisme opte pour un rationalisme absolu qui s'oppose à toute autorité, notamment celle de l'Eglise dont le pouvoir dépend d'une mise en valeur de la foi aux dépens de la raison. C'est dans cette perspective que Hegel ne rompt nullement avec la tradition anticléricale fondée par Voltaire. Dans ce sens, on peut le considérer comme un esprit des Lumières, mais déguisé. « La nouvelle théologie, en particulier, semble s'être commise avec l'histoire par pure naïveté et, aujourd'hui encore, remarque à peine qu'elle sert ainsi, sans doute fort contre son gré, la devise voltairienne "écrasez l'infâme". » Nietzsche, *« De l'utilité et des inconvénients de l'histoire pour la vie »*, in *Considérations inactuelles I et II*, Paris, Gallimard, 1990, §.7, p. 137.

68 F. Nietzsche, *L'Antéchrist*, tr. et prés. par D. Tassel, Paris U.G.E., 1967, prologue, p. 7.

sapiens, tout en barrant le chemin de l'éducation universelle du genre humain. De fait, Nietzsche estime que ces idéaux n'étaient en réalité qu'une invention que la morale chrétienne utilise afin de subjuguer les hommes. Qu'attendons-nous donc d'une humanité en proie à un nihilisme "vorace" qui donne libre cours à l'avènement du règne du "dernier homme" et de la "crétinisation de l'Europe" ? Le nihilisme semble avoir gagné du terrain et envahi les instances de l'époque moderne, tout en restant camouflé sous le couvert de la morale chrétienne, corrélative du caractère fabuleux d'une réalité éphémère. C'est dans ce sens que la décadence se donne ouvertement pour le signe avant-coureur de l'instauration d'un ordre représentatif du nihilisme.

Le nihilisme fait a fortiori penser à toute forme de dévaluation qui détruit, en premier lieu, la charpente de notre système d'appréciation et biffe l'hypothèse de Dieu, sous l'effet d'un retournement contre soi-même de l'ordre de l'Existant. Dans l'optique de cette démarche, Nietzsche saluait déjà en Schopenhauer « le premier athée avoué et inflexible » qui a hissé au rang de précepte fondamental le « caractère non divin de l'existence[69] ». Par conséquent, c'est l'innocence du devenir, embrassant le chiasme charnel de la *phûsis*, qui inciterait Nietzsche à déchiffrer « le texte primitif, le rude texte de l'homme naturel » afin d'en découdre avec l'héritage de toutes les ratiocinations chimériques de l'*homo sapiens* et réussir, du même coup, la réintégration de « l'homme dans la nature[70] ».

Doté d'une pensée « neuve et audacieuse », donnant libre cours à une « vibrante ovation », Nietzsche estime avoir le courage d'assumer l'effroyable destin d'un philosophe dont

69 F. Nietzsche, *Le Gai Savoir*, in *OPC*., trad. par P. Klossowski, Paris, Gallimard, , 1982, Livre cinquième, §. 357, p. 260.
70 *Par-delà bien et mal*, §. 230, p. 172.

la vocation consiste à « (…) être la mauvaise conscience de son temps[71] », et à être également, sans manifester le moindre paradoxe, le « médecin de la civilisation[72] ». C'est dans la perspective des nouvelles Lumières que Nietzsche s'engage à débusquer « les crétins de la culture[73] », et briser en deux l'histoire du monde. Nietzsche se voit, pour ainsi dire, annoncer « (…) le temps du grand midi, du plus fécond Eclairement[74] », au sein duquel le « grand point de départ » s'identifie au « genre de pessimisme » nietzschéen faisant face au sens tragique de l'existence.

Il est clair que Nietzsche a pris précocement conscience de sa sensibilité philosophique dont la singularité consiste à penser aux possibilités de la vie et à réfléchir au destin inouï de l'humain à travers le dispositif d'une philosophie qu'il a « toujours comprise et vécue[75] ». Nietzsche a été affecté d'une appréhension d'étrangeté vis-à-vis d'un monde souffreteux, - exposé au danger d'être ruiné par ses propres moyens[76] -, et finit par juger comme irrecevables les normes universelles de la justice et de la vertu. L'universalisme des valeurs, enseigné par la philosophie des Lumières, rendrait de la sorte les échos de l'instance socratique dont l'équation trilogique: « raison », « vertu » et « bonheur », n'était justement qu'un acquiescement à l'endroit d'un "*consensus*

---

71 *Le Cas Wagner…*, préf., p. 30.

72 *Le livre du philosophe – Etudes Théorétiques*, tr., intr. et notes par A. Kremer-Marietti, Paris, GF, 1991, §. 175, p. 113.

73 *OPC, Fragments posthumes Début 1888/début janvier 1889*, tome XIV, 16[46], p. 252.

74 *OPC., Fragments posthumes – Automne 1885/automne 1887*, tome XII, 25[128], p. 131.

75 F. Nietzsche, *ecce homo – Comment l'on devient ce que l'on est*, Idées/Gallimard, 1985, av.pr., §. 3, p. 11.

76 *Humain, trop humain – Un livre pour esprits libres*, tome I, §. 520, p. 272.

sapientium" répondant au « (...) besoin de transformer la raison en tyran[77] ».

C'est dans cette optique que Nietzsche s'oppose à un « temps des nihilismes » pléthoriques dans le but de neutraliser la volonté de néant qui s'y joue, et inspecter les horizons de l'existence des hommes au-delà des confins de cette situation lugubre exhalant les relents d'un déicide millénaire. « Notre civilisation européenne tout entière, écrit Nietzsche, s'agite depuis longtemps sous une pression qui va jusqu'à la torture, une angoisse qui grandit de dix ans en dix ans, comme si elle voulait provoquer une catastrophe: inquiète, violente, emportée, semblable à un fleuve qui veut arriver au terme de son cours, qui ne réfléchit plus, qui craint de réfléchir[78] ».

Cette situation crépusculaire d'un monde désenchanté fait penser à un nouvel infini qui libère les perspectives réprimées de l'existence et éradique les maux provenant des anciennes divinités qui, en dépit de ce qu'elles procurent comme consolation salvatrice, réduisent les hommes à un état de rapetissement irrémédiable. C'est en se séparant de tout ce qui confine les hommes et les accule aux idées modernes que Nietzsche se reconnaît comme un apatride fait de la chair de l'avenir.

---

77 *Le Cas Wagner – Crépuscule des idoles*, §. 10, p. 135.

78 « Celui qui prend ici la parole n'a, au contraire, rien fait jusqu'à présent, si ce n'est réfléchir et *se recueillir:* en philosophe et en solitaire par instinct, qui a trouvé son avantage dans la vie en dehors, à l'écart, dans la patience, l'ajournement et le retard ; tel un esprit hasardeux et téméraire qui souvent s'est égaré dans tous les labyrinthes de l'avenir, tel un oiseau prophétique *qui regarde en arrière* lorsqu'il raconte ce qui est de l'avenir, premier nihiliste parfait de l'Europe, mais qui lui-même a déjà surmonté le nihilisme, l'ayant vécu dans son âme – le voyant derrière lui, au-dessous de lui, en dehors de lui. » Nietzsche, *La volonté de puissance – Essai de transmutation de toutes les valeurs*, trad. de l'allemand par H. Albert, index établi par M. Sautet, Paris, LGF., coll. Le livre de poche, 1991, §. 2 et 3, pp. 25-26.

Le dépassement du nihilisme devient la condition *sine qua non* des nouvelles Lumières prônées par Nietzsche contre la "tartuferie" chrétienne de l'Occident. « Or, écrit Nietzsche, sitôt que nous rejetons loin de nous l'interprétation chrétienne, que nous condamnons sa "signification" comme de la fausse monnaie, la question schopenhauerienne nous assaille de la plus terrible façon: L'existence a-t-elle seulement un sens[79] ? ».

79 *Le Gai savoir – F.P., Eté 1881- été1882, OPC.*, livre cinquième, §. 357, p. 261. Nous attirons l'attention du lecteur à un passage de Karl Löwith qui pourrait servir de commentaire de ce que nous avons avancé à propos de l'éradication nietzschéenne du nihilisme moral de l'Europe. « La doctrine nietzschéenne de la "mort de Dieu", écrit Karl Löwith, -- celle du "nihilisme" qui en découle et qui réclame que l'homme marqué jusqu'à notre époque par le christianisme se dépasse vers le "surhomme" – enfin, sa théorie du "monde" qui, en tant que monde vivant, est "volonté de puissance" qui se veut elle-même et "éternel retour du même" – ne sont point des thèses philosophiques au sens traditionnel du mot, mais constituent la tentative exceptionnelle de conclure une "nouvelle alliance" avec le monde dont le christianisme nous a séparés par son triomphe sur le culte païen du cosmos. » Voir « *Nietzsche et sa tentative de récupération du monde* », tr. de l'allemand par Arion Kelkel, in *Nietzsche, Cahiers de Royaumont, Philosophie N°VI, VII colloque - 4/8 juillet 1964*, Paris, Minuit, 1967, p. 45.

Chapitre V

NIETZSCHE ET LE DESASTRE DE L'EDUCATION

Cette étude s'inscrit dans une démarche qui vise à brosser le portrait d'un Nietzsche multiple destiné à rompre avec la nébuleuse d'une figure monolithique de ce grand penseur. Le pluralisme et la diversité de ses affects et ses intuitions, camouflés par les dispositifs des interprétations réductrices, répondent au credo de l'esprit philologique de commentaire, dont jouit tout lecteur possédant les qualités tant estimées par Nietzsche lui-même[1].

Tout d'abord, le problème de l'éducation ne trouve de meilleure posture à se poser que dans les termes de la lecture. Une lecture qui nous rappelle les mots de Galilée qui

1 « Le lecteur dont j'attend quelque chose, écrit Nietzsche, doit avoir trois qualités. Il doit être calme et lire sans hâte. Il ne doit pas constamment s'introduire entre les lignes et interposer sa "culture". Enfin, il ne saurait attendre de la conclusion, en quelque sorte comme résultat, de nouvelles Tables. » F. Nietzsche, « *Cinq préfaces à cinq livres qui n'ont pas été écrits* », in *Ecrits posthumes 1870-1873*, Paris, Gallimard, 1975, 2ème, « *Réflexions sur l'avenir de nos établissements d'enseignement* », préface, p. 173.

invitait à lire dans le grand livre de la Nature et d'en saisir le langage mathématique. Aussi, cette lecture nous interpelle à l'endroit de l'axiomatisation spinoziste qui reproduit ce même livre de la Nature dans l'optique d'un monisme ontologique conduisant au panthéisme.

La lecture est une constante de l'enseignement qui n'est, à son tour, que l'un des sens multiples de l'éducation[2]. Son gigantesque problème pivote essentiellement autour de l'école et de l'éclairement de l'être humain.

Notre projet consiste à montrer que Nietzsche considère l'éducation, dans l'optique de la valeur, comme une fonction socio-culturelle dont l'actualité des temps modernes accuse une distorsion de sens. Il s'agit plutôt d'une ankylose qui témoigne paradoxalement de l'hégémonie de l'instinct prosaïque de la connaissance, d'où procède l'intronisation désastreuse du journalisme, voire de la "médiocrité bavarde" au détriment de la noble culture.

---

2 « (...) l'éducation est à la fois un processus et son résultat. Elle suggère, d'autre part, que l'éducation est toujours comprise comme une valeur. Mais elle est trop étroite: on n'éduque pas seulement par l'exercice, mais aussi par la lecture, l'exemple, l'admiration, etc. De plus, si une fonction se développe sans que tout l'individu ne se développe de ce fait, ne s'agit-il pas plutôt d'un apprentissage? (...) On "enseigne quelque chose à quelqu'un". On "instruit quelqu'un en quelque chose". On "éduque quelqu'un", sans aucun complément, direct ou indirect ! Eduquer n'est donc pas, ou pas seulement, communiquer un contenu, comme la géographie, l'algèbre ou la natation ; éduquer, c'est former la personne tout entière. Cela dit, si l'éducation et l'instruction ne se confondent pas, elles ne s'opposent pas non plus comme des réalités distinctes. Leur différence est en fait celle du genre à l'espèce: l'instruction est une espèce ou une partie de l'éducation, qui l'englobe comme une réalité à la fois plus vaste et plus fondamentale. On peut donc se poser la question: si l'on ôte l'instruction, que reste-t-il à l'éducation? » O. Reboul, *La philosophie de l'éducation*, Paris, PUF, 1971, pp.13-14.

L'éducation était de tout temps un champ de bataille, là où des individus ou des groupes s'entretuent dans le but d'imposer leurs manières d'être et leurs visions du monde. C'est dans cette optique que Nietzsche définit l'éducation comme le produit d'un processus de sélection et de dressage.

La tâche du philosophe inclut dans le grand projet de transvaluation de toutes les valeurs, un passage au crible de l'éducation courante[3] dans le but de frayer, devant les nouvelles générations, les chemins de l'élévation pour que tout un chacun puisse librement devenir ce qu'il est. « Quant à nous autres, écrit Nietzsche dans ce sens, nous voulons devenir ceux que nous sommes – les nouveaux, les uniques, les incomparables, ceux qui sont leurs propres législateurs, ceux qui sont leurs propres créateurs[4] ! ».

En effet, Nietzsche voudrait que l'éducation soit la traversée de l'homme orienté vers le recueillement avec soi-même, de peur qu'elle ne se transforme en moyen de répression des êtres humains dont la finalité consiste à assurer la survie et l'essor de la civilisation. Une telle éducation exerce certainement un camouflage du « texte primitif, le rude texte de l'homme naturel ». Le destin de l'homme dépendrait, dans ce cas, du développement de sa « (…) capacité de bien voir et juger, sans préjugés, en dehors de la morale[5] ». Nietzsche

---

3 « Les parents, sans le vouloir, font de leur enfant un être qui leur ressemble – ils appellent cela "éducation" --, aucune mère ne doute, au fond de son cœur, que l'enfant qu'elle a mis au monde ne soit sa propriété, aucun père ne se conteste le droit de le soumettre à *ses* idées et à *ses* principes. (…) Et comme le père, de nos jours encore, l'éducateur, la classe, le prêtre, le prince voient tout naturellement dans chaque être nouveau une nouvelle occasion de s'approprier un objet. » F. Nietzsche, *Par-delà bien et mal*, §. 194, p. 119.

4 *Le Gai Savoir*, in *OPC.*, Gallimard, §. 335.

5 *OPC.*, *FP.*, X, 26[151].

rêve, au juste, d'incarner les "vertus" d'une éducation capable d'inventer un humain doté, avant tout, d'une "virilité inflexible et rude".

Tout le problème qui reste à résoudre tient à prouver ou à nier la possibilité de tracer, en parcourant l'œuvre nietzschéenne, une ligne de démarcation entre le philosophe et le pédagogue. L'amalgame s'estompe si l'on réussit à dresser un parchemin d'orientation à l'usage de ceux qui osent pérégriner à travers les labyrinthes de « la belle et sévère utopie de la province pédagogique[6] ».

Remarquons, d'entrée de jeu, que la plurivocité de l'éducation du genre humain semble prise dans la nébuleuse d'une alchimie de commandement et d'obéissance qui fait que l'autorité passe indûment pour la rançon de toute éducation. « (...) l'enfant humain, comme dit Fichte, doit devenir ce qu'il doit être[7] ». Encore faut-il avouer que les paradoxes qui minent a fortiori les coordonnées de la question sujette, ici et maintenant, à nos différentes ratiocinations, ne pourraient, en aucune manière, affaiblir notre volonté d'en courir le risque, à contre-courant même de ce qu'on a déjà entendu de « l'impossible métier de pédagogue[8] ».

En effet, la crise de l'éducation, constatée par Nietzsche, ne peut être qu'un rejeton d'un lourd héritage pédagogique jalonné par la tyrannie, plus ou moins avouée, de l'éducateur. Plusieurs travaux en psychopédagogie témoignent de l'échec de la relation enseignant / enseigné qui, mis à part sa médiation formelle par le savoir, ne remplit que mal le

6 Th. Mann, *Goethe et Tolstoï*, tr. de l'allemand par A. Vialatte, préf. de J. Brenner, Paris, Payot, 1967, p. 29.

7 O. Reboul, *La philosophie de l'éducation*, Paris, PUF, coll. que sais-je?, 1989, p. 19.

8 F. Imbert, *L'impossible métier de pédagogue*, Paris, ESF, Pédagogies - collection dirigée par Ph. Meirieu, 2000.

préalable de l'investissement de deux côtés concernés par la formation.

« Il faut donc, écrit Patrick Gosling, que l'enseignant comme l'élève accordent de la valeur aux trois termes de la relation que sont le savoir, l'enseignant et l'élève. Cette circulation des valeurs précède et conditionne la circulation du savoir[9] ». De plus, la verticalité de la relation pédagogique contribue à creuser entre l'enseignant et l'élève un fossé constitué généralement de peur ou de rébellion, de respect ou d'irrespect, de l'aura "surhumaine" de ce messager du savoir ou du mépris de l'ignorant.

Il s'agit plutôt d'un magma où s'agite et se transforme perpétuellement l'ordre épistémique du couple savoir/pouvoir. Constatons, de ce fait, la prolifération des critiques du système éducatif traditionnel qui rappellent que « l'éducation se doit de connaître dans sa vérité l'être de l'enfant et d'en respecter le développement selon la nature[10] », et d'accorder davantage au connaître et à l'apprentissage la valeur de l'acte libératoire constitutif de l'individualité humaine.

En revanche, Michel Soëtard reconnaît l'échec de l'entreprise pestalozzienne qui avait cru à tort à la réalisation de la liberté dans la nature par la seule vertu dynamique de l'éducation. « (...) la triade constituée par la nature, la liberté et l'éducation prenait, écrit-il, des allures de "triangles des Bermudes" pédagogique qui engloutissait régulièrement ceux qui en tentaient la synthèse historique[11] ». En effet, la

---

9 P. Gosling, *Qui est responsable de l'échec scolaire? Représentations sociales, attributions et rôle d'enseignant*, Paris, PUF, coll. Psychologie sociale, 1992, p. 10.

10 J. Ulmann, *La pensée éducative contemporaine*, Paris, J. Vrin, 1982, p. 26.

11 M. Soëtard, « *Nature et liberté en éducation* », in *Education et philosophie – Approches contemporaines*, sous la dir. de J. Houssaye, Paris, ESF, 1999, 5, p.119.

pensée pédagogique contemporaine se prend dans la nasse d'un grand dilemme. Jean Houssaye en dresse une alternative serrée dans la gangue d'une formulation interrogative: « Autorité ou éducation? »

L'alternative passe pour le pari le plus cher que les pédagogues espèrent manifestement gagner. « L'école peut-elle encore former l'esprit? » Par cette question, Michel Fabre tente à nouveau de passer au crible l'idée éducative dans une tentative de réhabiliter le scolaire. La fin ou le malaise de la modernité débouche visiblement sur un état de désarroi qui prend de court ceux qui espéraient réunir dans la personne humaine "éduquer et libérer".

Par sa polémique avec le système éducatif allemand de son époque, Nietzsche pensait avoir posé le problème de cette corrélation de la manière la plus radicale. L'alternative que représente la foi éducative de Nietzsche réside dans sa lutte contre "la morale du renoncement à soi-même". Par là, il essaie de cultiver, en puisant dans Thucydide et Machiavel une force d'esprit et un sens aigu du réel, sa « volonté absolue de ne pas s'illusionner et de voir la rationalité dans la réalité – non dans la ''raison'', et moins encore dans la ''morale''[12] ».

En effet, Nietzsche dévoile la devise de sa conception de l'éducation : il s'agit de l'indépendance dont la valeur négative fait figure d'autarcie. Les vers introductifs du *Gai Savoir* révèlent le secret éducatif d'un philosophe dont l'esprit de liberté fait preuve d'indépendance et de gaieté d'esprit. « J'habite, écrit Nietzsche, ma propre maison. Je n'ai jamais imité personne en rien. Et - je me ris de tout

12 F. Nietzsche, *OPC.*, tome XIV, FP. 24[1], 8.

maître. Qui n'a su rire de lui-même. Inscription au-dessus de ma porte[13] ».

Nietzsche réussira-t-il à gagner le pari d'une éducation à la limite, une éducation minimaliste qui s'engage délibérément à exorciser les démons de l'autorité du maître et de la dépendance du disciple ? L'enseignement nietzschéen passe pour le plus ésotérique qui soit. Il exige une conversion totale de la part d'un disciple digne de ce nom et qui reste à prouver, puisqu'il s'agit de l'élite des élus et que "c'est un privilège sans égal qu'être auditeur".

Nietzsche tente, par conséquent, de désubstantialiser les deux concepts de maître et de disciple et d'inverser, du même coup, le *telos* de leur affinité élective. « Seul, écrit-il, je m'en vais, mes disciples ! Vous aussi, allez-vous-en, et seuls ! Je le veux. Eloignez-vous de moi et gardez-vous de Zarathoustra ! C'est mal récompenser son maître que de rester toujours disciple. Et pourquoi ne voudriez-vous pas effeuiller ma couronne[14]? ». Nietzsche fait assurément de son détachement, de sa solitude et de la légèreté de son esprit – tout le contraire du grégarisme et de l'esprit de pesanteur (l'esprit de lourdeur) - la source et la raison même de son existence.

« Il n'y a pas d'éducateurs (*Es gibt keine Erziehe*), criait Nietzsche ». On ne s'attend que fort peu à cette négation hérétique qui est de l'ordre du blasphème proféré contre le règne du devoir. Il s'agit de l'ordre de la ''voyoucratie" régnante qui est l'aboutissement d'un processus historique parodié sous l'appellation agressive de crétinisation de l'Europe. Nietzsche savait que l'éducation de son époque renforce l'instinct grégaire de la multitude dans le but de

---

13 *Le Gai Savoir*, in *OPC.*, tome V, exergue.

14 *Ecce homo*, avant-propos, §.4, p.13.

permettre aux philistins de la culture et aux serviteurs de l'Etat d'éradiquer les germes de toute culture de l'exception. « Toute l'éducation jusqu'ici, écrit Nietzsche: impuissante, inconsistante, sans centre de gravité, marquée par les contradictions des valeurs[15]... ».

Quel espoir Nietzsche doit-il former dans sa lutte contre la perversion, partout atteinte, de toutes les vraies aspirations à la culture ? Avec quel courage doit-il faire face à ceux qui « corrompent nos têtes », ceux qui se payent de mots creux et incarnent une ''apothéose en règle du philistinisme'' ? La déception de Nietzsche évoque celle de Schopenhauer qui luttait contre la culture lucrative de son temps, notamment la philosophie salariale assurée sous l'égide des chaires de l'Université allemande. Nietzsche savait que « sur chaque semence de vraie culture jetée en terre doit passer aussitôt sans pitié le rouleau écrasant de cette pseudo-culture. (...) C'est dans le journal que culmine le dessein particulier que notre temps a sur la culture: le journaliste, le maître de l'instant a pris la place du grand génie, du guide établi pour toujours, de celui qui délivre de l'instant[16] ».

Nietzsche dénonce l'impitoyable machine de paupérisation de la culture et d'évacuation de l'éducation. Les en-

---

15 Nietzsche, *OPC.*, tome XIV, FP. 14[6].

16 « Songez que ne peut être que vain le travail le plus acharné du maître qui voudrait par exemple ramener son élève dans le monde hellénique, si infiniment éloigné, si difficile à comprendre comme dans la véritable patrie de la culture, alors que le même écolier, un instant après, saisira un journal, un roman à la mode ou l'un de ces livres savants dont le style porte déjà les armoiries écoeurantes de la barbarie cultivée qui a cours aujourd'hui. » Voir F. Nietzsche, « « *Sur l'avenir de nos établissements d'enseignement* », in *Ecrits posthumes 1870-1873*, Paris, Gallimard, 1975, première conférence, p. 97.

nemis de la culture sont les ''meurtriers'' de l'homme singulier, l'homme plein dont le premier modèle ne peut être que le penseur grec de l'âge tragique. Il s'agit d'une guerre perpétuelle entre deux types d'hommes, ceux qui défendent la distinction, la distance et la noblesse d'esprit, et ceux trouvent leur bien-être dans le grégarisme, l'hypocrisie et la cupidité. C'est là où le journaliste se substitue au prêtre, -l'ancien manipulateur des esprits- que le philosophe, qui est le véritable éducateur de l'humain, s'éclipse et perd *hic et nunc* les raisons de son être et de son action.

Devant ce désert que représente l'extinction de la culture et la dissolution de l'éducation, Nietzsche juge que l'acte éducatif a perdu tout moyen et toute finalité. Toute éducation suppose deux associés. Que dire alors d'un éducateur dont l'action ne peut être qu'immanente, et non transitive ? « Comme penseur, ajoute Nietzsche, on ne devrait parler que de l'éducation de soi par soi-même. L'éducation de la jeunesse par des tiers est ou bien une expérience, réalisée sur un être encore inconnu, inconnaissable, ou bien un nivellement de principe destiné à adapter le nouvel être, quel qu'il soit, aux habitudes et coutumes régnantes[17] ». En fait, l'omniprésence du couple maître/disciple au sein de l'œuvre nietzschéenne témoigne en faveur de la continuité de l'éducation du genre humain et que l'homme ne peut ''naître humain'' que traversé par l'ubiquité de la culture à laquelle il appartient. Nietzsche semble inquiet, comme nous d'ailleurs, par rapport à l'avenir des établissements d'enseignement. Le constat qu'il fait, en conséquence, de l'état de délabrement du système éducatif nous dévoile as-

17 NIETZSCHE, « *Le voyageur et son ombre* », in, *Humain, trop humain – Un livre pour esprits libres*, II, OPC, Gallimard, Paris, 1968, §. 267, p. 265.

surément les facteurs qui avaient contribué à la mort de la culture dans l'école.

Pour conclure, nous sommes persuadés que Nietzsche avait raison de déplorer la pauvreté d'esprit pédagogique de son temps. C'est ce qui a ouvert une brèche devant le journalisme, lui permettant d'avoir la mainmise sur l'école au détriment du grand style. L'éducation abstraite, cautionnée par l'Etat et ses institutions, conduirait dans ce cas à la formation des ''philistins de la culture'', ces ''nourrices supérieures'' qui se réclament d'une culture dégradée et asservie.

Face à ce tableau crépusculaire d'une culture ravagée par « les erreurs et les défauts incurables » de la Modernité, Nietzsche engage inlassablement un « combat vaillant » visant à « détruire les bastions de cette prétendue culture[18] ». Nous ne trouvons pas mieux que les paroles de Jean Rostand pour exprimer ce qui rend justice à Nietzsche contre le marasme éducatif de son époque. « (...) toute la différence, écrit Jean Rostand, est entre les téméraires qui croient qu'ils savent et les sages qui savent qu'ils croient[19] ».

---

18 F. Nietzsche, « *Sur l'avenir de nos établissements d'enseignement* », in *Ecrits posthumes 1870-1873, OPC*, Paris, Gallimard, 1975, 2ème Conférence, p. 98.

19 J. Rostand, *Ce que je crois*, Paris, Bernard Grasset, p. 13.

Chapitre VI

NIETZSCHE ET LES GRECS LES LABYRINTHES DE L'ILLISIBLE

Le projet qui nous tente s'affiche à travers une digression méthodologique étrangère à toute projection aberrante. Nietzsche et les Grecs forment un couplage qui ne peut pas ne pas témoigner d'une affinité élective en rapport avec la nostalgie allemande de la Grèce antique. Toutefois, le schème programmatique de notre réflexion ne prétend nullement traduire une mise en scène du philhellénisme germanique, notamment celui de l'époque romantique. Notre visée consiste à découvrir le statut du lisible, chez les Grecs antiques, au sein de l'ordre épistémique de l'écriture afin de pouvoir déterminer les voix réprimées de l'illisible.

L'ankylose de l'illisible date probablement de la fin des temps de l'archaïsme mythologique de la Grèce. Le déclenche- ment de ce processus, qui finira par « transformer la raison en tyran[1] », va de pair avec le surgissement de la culture grecque, "en tant que modèle de civilisation", « avec l'écriture alphabétique[2] ». Le platonisme socratique

1 F. Nietzsche, *Le Cas Wagner – Crépuscule des idoles*, présentation et trad. par E. Blondel et P. Wotling, Paris, GF, 2005, §. 10, p. 135.

2 M. Detienne, « *L'écriture et ses nouveaux objets intellectuels en Grèce* »,

représente, à ce titre, une constellation culturelle révélant la déchirure de la conscience humaine qui n'était qu'un champ de bataille entre mythe et métaphysique. Le conflit de ces deux modes de pensée conduit à la modification de l'hiérarchie dominante des formes de l'expression, présidées d'ores et déjà par l'oralité. L'écriture n'était, semble-t-il, en Grèce antique qu'un moyen subsidiaire de l'expérience illocutoire de la parole humaine.

Pour commencer, nous devons évoquer quelques éléments en relation avec deux moments cruciaux de l'histoire de la philosophie. L'intérêt d'un tel aperçu réside dans la valeur paradigmatique de ces éléments par rapport au mot magique d' « illisible ». L'intensité qui se dégage aujourd'hui du fond de ce terme s'oppose à la nébuleuse dans laquelle l'histoire du rationalisme occidental l'avait longtemps enfermé.

Le premier moment correspond à l'instance platonicienne qui, sous l'égide du *Logos*, fait de la vision l'emblème du savoir et de la visibilité absolue de l'*eidos*. S'imprégner ainsi de la vision des Idées équivaut à la puissance absolue de l'âme. « (...) ce qui est parfaitement (ou totalement d'après la traduction de Luc Brisson et de J.-F. Pradeau), écrit Platon, peut être parfaitement connu[3] ».

A cela s'ajoute que l'acte ordinaire de converser ou de lire qui ne garantit nullement la purification de l'âme des bévues de la doxa nourrit forcément une cognoscibilité préétablie et prédéterminé, inféodée aux opinions et aux simulacres. Ces deux genres de la connaissance servent à

---

in *Mètis. Anthropologie des mondes grecs anciens*. Volume 1, n°2, 1986. p. 309.

3 Platon, *La République*, tr. fr. par R. Baccou, Paris, GF, 1966, V/476e – 477d, p. 233.

délimiter un moment de l'histoire des Hellènes lors duquel le destin du discours humain, l'oral comme l'écrit, s'est joué sous les auspices de la tyrannie du *Logos*. « Les "philosophes", écrit Luc Brisson, (...) privilégient la vue, et, pour eux, l'image et la semblance décrivent une démarche légitime, une voie d'accès incontournable à ce qui autrement resterait caché[4] ». Doit-on, donc, reconnaître que tout ce qui est invisible n'existe même pas? Serait-il encore le cas, aussi bien de l'illisible que de l'indicible? Ces négatifs incarnent-ils le rien ou le presque rien, comme disait Jankélévitch? Ou bien nous renvoient-ils, tout simplement, à ce qui relève de l'ordre de la pénombre et de l'obscurité ou même du non-être?

Tout en s'appuyant sur les amphibologies de Platon, en rapport avec l'industrie des signes -l'invention de dieu Teuth-, ainsi que sur le scepticisme qu'il affiche «envers les vertus épistémologiques des modèles graphiques[5]», Ces questionnements visent à dépister les germes d'un dénigrement métaphysique de l'écriture, de ce lisible qui n'obtient l'acquiescement de la vision qu'au prix d'une répression de la part maudite du discours écrit, baptisée illisible.

Il est clair que Platon accorde à la vision une préséance qui culmine avec sa « transposition du plan du sensible vers celui de l'intelligible. » Le domaine de l'*eidos* ne s'ouvre qu'à ceux qui sont véritablement philosophes, à ceux qui

4 L. Brisson, « *Mythe, écriture, philosophie* », in *La naissance de la raison en Grèce,* [Actes du Congrès de Nice, Mai 1987], Jean-François Mattéi (éd.), Paris, PUF, 1990, p. 53-54.

5 « Ainsi celui qui croit avoir consigné son savoir par écrit tout autant que celui qui le recueille en croyant que de l'écrit naîtront évidence et certitude, sont l'un et l'autre tout pleins de naïveté dans la mesure où ils croient trouver dans les textes écrits autre chose qu'un moyen permettant à celui qui sait de se ressouvenir des choses dont traitent les écrits. » Platon, *Phèdre*, 274e – 275e.

s'efforcent d'emprunter la voie laborieuse d'une science dont l'effet « se produit dans l'âme et s'accroît (...) à la façon de la lumière qui jaillit d'une étincelle qui bondit[6] ». Par conséquent, l'écriture, cette activité qui est vraisemblablement à la source du lisible, semble limitée au recueillement du sens dont elle n'est que le réceptacle et le travestissement. Le signe laisse ainsi advenir le sens dont il assure la monstration et l'expression. Du coup le lisible, le signifiant en tant que tel, semble détaché de tout lien électif avec le *Logos*. Il incarne le discours mnémonique qui, par son identification avec le simulacre, confine le regard dans les limites du monde sensible, se substituant sur terre à l'*eidos*.

Le statut de l'écriture dans la Grèce antique semble avoir connu les soubresauts les plus ambigus de son histoire. L'alphabétisation syro-phénicienne du peuple attique qui s'est passée vers le milieu du VIII siècle avant notre ère corrobore l'hypothèse de la hantise grecque face à tout système connotatif. L'écriture n'était historiquement qu'une plante étrangère qu'on vient d'introduire en Grèce, de la même manière que la philosophie païenne s'introduira, au cours du VII siècle de notre ère, en terre d'Islam. Les Grecs n'étaient aucunement les dépositaires du Livre (Ahl el-kitab). Il est, en revanche, indéniable que les paroles des Origines, notamment les Livres sacrés, incitent depuis la nuit du temps à LIRE[7].

---

6 Platon, *Lettres*, tr. fr. par L. Brisson, Paris, GF, 1987, Lettre VII 341b-d, p.193.

7 « 1. Lis, au nom de ton Seigneur qui a créé tout ; 2. Qui a créé l'homme de sans coagulé ; 3. Lis, car ton Seigneur est le plus généreux ; 4. Il t'a appris l'usage de la plume ; 5. Il apprit à l'homme ce que l'homme ne savait pas. », in *LE CORAN, Sourate XCVI, Le sang coagulé, Donnée à La Mecque, 19 versets*, trad. de l'arabe par Kasimirski, préf. par M. Arkoun, GF, 1970, Paris, p. 490.

En effet, « L'ouï-dire ou l' "auralité", écrit Marcel Detienne, sévissent encore dans l'Athènes de Platon. (...) L'écriture est marginalisée: publique, elle est confinée dans des fonctions d'aide-mémoire ; privée, elle entre au service de quelques savoirs, soumise dans sa condition ancillaire aux seules contraintes de la pensée orale. (...) En soi, aucun système graphique, même alphabétique, n'est porteur de la rationalité et de ses lumières infuses[8] ».

Les indications de Marcel Detienne prouvent que l'histoire du peuple grec représente l'odyssée d'un métissage d'une culture, orale à l'origine, et d'une écriture alphabétique dont la source était le peuple du Livre, le peuple sémite. La philosophie grecque est païenne, quel qu'en soit le noyau dur, matérialiste ou idéaliste. Cette philosophie s'est développée sous le règne d'une épistémè tributaire de « l'opposition entre l'être et le paraître, entre le modèle et l'image, entre l'intelligible et le sensible, oppositions qui recoupent celle entre dieu et homme[9] ».

C'est dans cette épistémè que l'écriture passe pour dérivée, secondaire et même superficielle. Le lisible porte les stigmates du devenir qui, en donnant libre cours à une pléthore d'illusions, fourvoie ceux qui aspirent au royaume de la vérité. Par contre l'ordre ontologique du *Logos* jette la trame d'une logique de l'identité qui fait que l'hypostase de l'être jouit d'une autorité cognitive inconditionnée. Dans cette optique, l'idée régulatrice de l'être cerne, en le dévaluant, le statut épistémologique de la trace.

---

8 M. Detienne, « *L'écriture et ses nouveaux objets intellectuels en Grèce* », in, *Mètis. Anthropologie des mondes grecs anciens*. Volume 1, n°2, 1986. P. 310.

9 Platon, *Lettres*, tr. fr. par L. Brisson, Paris, GF, 1987, Lettre VII 341b-d, p.193.

Le lisible se trouve voué, ainsi, à une dislocation qui le transforme en un avatar d'être, sujet à une confusion indélébile. En métaphysique, lisible et illisible vont de pair et ne font qu'un seul et même corps. « (...)le philosophe, comme nous le montre Jacques Derrida, écrit contre l'écriture, il écrit pour réparer la perte de l'écriture, oubliant et déniant par là même, ce faisant, ce qui se fait de sa main. (...) Le philosophe écrit pour se tenir dans le cercle logocentrique[10] ». En revanche, la réhabilitation du lisible et de l'illisible attendra Nietzsche qui brisa en deux, par le soupçon qu'il dirigeait contre la vertu spéculaire de la conscience et de la représentation, le primat logocentrique de la lisibilité unilatérale de l'Être. En fait, c'est Nietzsche qui tâche de renverser l'épistêmê du conceptualisme de l'eidos dont la validité dépend de la mise en place d'un dualisme ontologique faisant régner l'essence aux dépens de l'apparence, le monde vrai aux dépens du monde sensible.

Remarquons que c'est Nietzsche qui, en frayant la voie d'un nouvel esprit philologique, ébranle la notion traditionnelle de la lisibilité et institue sur ses décombres une lisibilité des profondeurs fondée sur un « art de bien lire » et de bien écrire. Il s'agit d'un dispositif visant à déjouer l'ancienne grammatologie discursive de la raison dont l'appareillage conceptuel, ayant comme nœud gordien la notion dogmatique de vérité, se défait face à une activité de lecture et de déchiffrage des textes optant, à titre de credo, pour la multiplication des perspectives qui permettent «... de voir " le monde " avec le plus grand nombre " d'yeux " possible, de construire et de déconstruire les mondes en artistes[11]». C'est dans cette perspective que Nietzsche réapparaît, si j'ose dire, comme l'annonciateur d'une nouvelle

10 J. Derrida, *Marges de la philosophie*, Paris, Minuit, 1972, p. 346.

11 S. Kofman, *Nietzsche et la métaphore*, Paris, Payot, 1972, p. 149.

tradition, iconoclaste bien évidemment, qui détruit, par la valorisation des notions telles le masque et le symptôme, le centrisme du texte et la signification transcendante du Signe.

Le texte “ sauvage ” de Nietzsche annonce l'avènement d'une « philosophie inouïe et insolente[12] » à travers laquelle se déploie l'enjeu d'un grand glissement herméneutique. Le dispositif philologique de Nietzsche part à la rescousse d'un nouvel esprit, encore en germe, dont le potentiel serait capable de libérer les modes de lectures et d'écriture de l'économie métaphysique du signe, inféodée à la « fiction régulatrice » de l'Être.

L'Œuvre de Nietzsche se propose d'être l'espace d'une expérimentation de la pensée, soucieuse d'agir en concert avec la vie, là où les valeurs considérées comme des symptômes trahissent la face cachée de la métaphysique, celle qui incarne « un courant de vie où des “évaluations” cherchent à se confirmer, comme un mouvement par lequel arrivent à la suprématie des “valeurs” qui font dépérir la vie, l'humilient et l'affaiblissent[13] ». C'est dans l'intention de dégager la vie de l'étau de l'instinct effréné du savoir à tout prix que Nietzsche se résout à dépister les traces d'une physiologie de l'art dont les scènes de cruauté ressuscitent les tensions bimillénaires opposant les concepts aux métaphores. Mais Nietzsche a-t-il triomphé de ce jeu de la prose desséchante de l'image du monde? Ou bien a-t-il réussi à nous convaincre de la fatalité de ce que la poétique de l'illisible symboliser comme indomptable?

---

12 S. Kofman, *Nietzsche et la métaphore*, p. 13.

13 E. Fink, *La philosophie de Nietzsche*, tr. fr. par H. Hildenbrand et A. Lindenberg, Paris, Minuit, 1965, p. 18.

I - De Platon à Nietzsche: Le dualisme du lisible/ illisible

Spinoza (1632-1677) passe, en Occident, pour le premier philosophe à avoir inventé une nouvelle méthode d'interprétation des Ecritures Saintes dont le stratagème, hostile à la tyrannie cognitive de la Tradition, vise à assurer l'autonomie de la ratio et la liberté des hommes. Ce « Marrane de la raison » - comme l'appelle Yirmiyahu Yovel - n'a pas hésité à s'en prendre à une Tradition nourrissant l'autorité de l'Eglise qui immunise ses Doctes, en leur offrant un dispositif draconien limitant le statut du vrai aux seules révélations divines et à quelques ratiocinations païennes des Anciens.

Cette polémique présente le XVII è siècle comme le théâtre de l'avènement de deux nouvelles instances appelées à intégrer l'ordre institué du savoir humain. D'une part, la métaphysique qui n'est plus la servante de la religion et, d'autre part, la philosophie de la nature (la physique) qui a eu le mérite de se placer, comme il se doit, sous le signe de la révolution copernicienne. Une telle émergence – tirée brillamment au clair par Georges Gusdorf – a contribué à la mise en route d'un processus engageant à la redistribution sociale de la véridiction longtemps briguée et monopolisée de force par les offices de la théologie.

Par son identification entre « la démarche qui interprète la nature et celle qui interprète l'Ecriture », Spinoza réintroduit la pensée philosophique dans le système du savoir mathématique qui, dans la foulée d'une lente consécration épistémique de l'infinitisation de l'Univers, projette comme visée l'axiomatisation du connaissable. Rappelons, toutefois, que c'est Galilée (1564-1642) qui était, le premier, à avoir réhabilité les mathématiques dont la validité universelle concourt à la géométrisation de la nature. « La philosophie, note-t-il, est écrite dans ce vaste livre constamment ouvert devant nos yeux (je veux dire l'univers) et on ne peut le comprendre si d'abord on n'apprend à connaître la langue et les caractères dans lesquels il est écrit. Or il est écrit en langue mathématique, et ses caractères sont le triangle et le cercle et autres figures géométriques, sans lesquelles il est humainement impossible d'en comprendre un mot. Sans eux, c'est une errance vaine dans un labyrinthe obscur[14] ».

Le discours de Galilée annonce vraisemblablement une rupture avec l'héritage culturel de l'Occident qui puisait

---

14 Galilée, *IL Saggiatore*, cité par J.-T. Desanti, « *Galilée et la nouvelle conception de la nature* », in *Histoire de la philosophie* sous la direction de François Châtelet, Paris, Hachette, 1972, tome 3, p. 88. Nous renvoyons encore, à ce sujet, à Ernst Bloch qui, dans son remarquable ouvrage traitant de *La philosophie de la Renaissance* (tr. de l'allemand par P. Kamnitzer, Paris, Payot, 1974), repeint en brio la dissolution de l'image mythique du monde clos, tout en repérant les transmutations épistémologiques accompagnant l'intronisation du nouvel esprit scientifique. On peut lire, notamment dans la page 9 de l'introduction du livre, ce qui suit: « La nature s'ouvre au regard: au Moyen Age elle était diabolique, habitée de vils démons ; dans la peinture byzantine, elle s'enfonce dans le néant. (...) On découvre la perspective. (...) Les fenêtres s'ouvrent sur des paysages infinis ; (...) La conquête du monde, de la nature, fait de rapide progrès, la vie présente passionne les hommes, l'au-delà pâlit, on procède à une inversion des valeurs. » Davantage, E. Bloch ajoute qu'au cours de la Renaissance l'histoire « n'a pas trouvé son "ordre" face à la nature limpide dans sa clarté mathématique. La nature constitue un livre, le Livre de la Nature, selon l'expression hérétique du médecin Raimundo Sabune, et ce livre se place au-dessus du Livre des Livres, au- dessus de la Bible et de la sotériologie historique qu'Augustin en a tirée. Les lettres qui ont servi à la rédaction du"Livre de la Nature", où s'inscrivent comètes, volcans, tremblements de terre, tempêtes, mauvaises récoltes et tous les autres phénomènes imprévisibles, ce sont les nombres ; le lien est ainsi établi entre le monde des nombres et les objets de la nature: ce n'était pas facile à comprendre. » p. 130.

son autorité dans les textes des Anciens. Son alternative consiste, en conséquence, à substituer le dialogue de la ratio avec la nature à des piètres commentaires sur des corpus transformés, sous la pression de l'évolution du savoir humain, en "joyaux" de l'histoire des Antiquités. Il serait dérisoire, du coup, de gaspiller les trésors des esprits dans des querelles néfastes et insensées qui nourrissent les guerres endémiques opposant la religion – qui ne cesse de revendiquer l'exclusivité du statut de porte-parole de la Vérité - à la philosophie et à la science.

La révolution galiléenne réside davantage dans sa contribution au projet d'une *mathesis universalis* dont le point d'appui n'était, à l'origine, que le *fatum* de l'*homo symbolicum*, le destin de l'homme d'être un animal symbolique. C'est grâce à cette capacité créatrice des signes que l'homme tâche d'être l'architecte d' « un empire dans un empire », l'empire du sens qui couvre le mutisme de la nature. L'*homo loquens*, cet animal doté de parole, réussit également à inventer des techniques de "fixation de la parole". « L'homme a cessé, écrit Georges Gusdorf, d'être seulement l'être qui parle, il est devenu l'être qui écrit et qui lit, et la face du monde s'en est trouvé transformée[15] ».

L'odyssée historiale du discours prédicatif nous renvoie constamment à la légende métaphysique de l'Être dont l'horizon d'entrouvert engage l'homo sapiens à s'investir dans « l'interrogation inclusive du monde[16] ». Dans l'épistémè de l'Être, c'est le *Logos* qui, en tant que dire de ce qui n'est pas en retrait, porte caution à la primauté du lisible. Le non-être qui ne subsiste qu'en marge de l'archipel de la

15 G. Gusdorf, *La parole*, Paris, PUF, 8ème édition, 1977, p. 107.

16 M. Heidegger, *Les concepts fondamentaux de la métaphysique – Monde/finitude/solitude*, tr. de l'allemand par W. Panis, Paris, Gallimard, 1992, p. 48.

Parousie(Παρουσία), se prive d'emblée du droit d'accès au *legein* ou, bien mieux, à la parole noétique.

S'agit-il alors d'un non-dit qui représente tout ce qui enfreint les conditions d'une entente ou d'un mode de donation de sens ? Remarquons, toutefois, que la prose du monde n'accède à la scène de l'expression que par le truchement d'une lisibilité minimale. « Le concept fondamental et la signification fondamentale de *Légein*, écrit Heidegger, est l'acte de "tirer hors du retrait", l'acte de déceler (*Entbergen*). L'acte de déceler, de "libérer du retrait", est l'événement qui a lieu dans le *Logos*. Dans le *Logos*, le règne de l'étant est décelé, il devient manifeste[17] ».

Alors, c'est en forgeant « des concepts qui impliquent toujours, dans le questionnement, celui qui conçoit[18] », que la métaphysique s'approprie le discours humain portant sur l'Être dans le but de percer les arcanes du sens immaculé de la Transcendance ou de contempler, comme le voulait Platon, avec les yeux de l'âme le monde intelligible des Idées. Il serait donc utile de rappeler hic et nunc que le platonisme a été, le moins qu'on puisse dire, la matrice et le promoteur de l'intronisation tyrannique de l'instinct de la connaissance et de l'emprise de la volonté de vérité. Il s'agit d'une mise en place du paradigme solaire du savoir humain, là où le Logos étayant la sérénité grecque maintient, comme condition sine qua non de son règne, une « différence métaphysique entre l'existence et l'essence[19] ».

---

17 M. Heidegger, *Les concepts fondamentaux de la métaphysique – Monde/finitude/solitude*, p. 52-53.

18 Ibidem, p. 48.

19 M. Haar, *Nietzsche et la métaphysique*, Paris, Tel / Gallimard, 1993, p. 101.

C'est le discours dichotomique dessinant en filigrane, depuis les premiers dialogues aporétiques, les aspects logiques de l'ontologie platonicienne, qui mène jusqu'à l'absolue lisibilité des Idées, dont la transparence renvoie à la Lumière de l'Être. Chez Platon, la théorie de la connaissance semble ordonnée en fonction de la prééminence de la méthode dialectique dont le déploiement, réservé aux seuls philosophes, assure l'accès de l'âme à la *théoria*, à un état d'extase dû à la contemplation du monde intelligible des Idées. Au cours de cette contemplation érotique s'active la réminiscence de l'âme, réanimée par son passé originaire d'esprit séparé. Cependant, Platon ne pouvait nullement séparer l'acte de voir de celui de lire, du moment que la visibilité, au même titre que la lisibilité, se détermine sous le patronage de la puissance démiurgique de l'Être. A ce niveau du discours philosophique, tout semble aller de concert avec l'ordre de la consistance ontologique des étants décidant forcément de leur statut gnoséologique. « La doctrine platonicienne des idées, écrit Gusdorf, relie le monde des mots et des apparences à un monde en droit des formes transcendantes[20]. »

Face à cette tradition, régie par un totalitarisme d'ordre métaphysique qui a acculé l'illisible (comme signifiant et comme référent) à un oubli répété, Nietzsche affirme que sa philosophie passe aisément pour un "platonisme inversé". Le platonisme fait sûrement figure de modèle pour la philosophie dogmatique, dont les « édifices sublimes et inconditionnés » tiennent à une « superstition populaire venue d'un temps immémorial (comme la superstition de l'âme qui, devenue superstition du sujet et du moi, ne cesse aujourd'hui encore d'engendrer des méfaits), quelconque jeu de mots peut-être, suggestion aberrante de la grammaire, ou encore

20 G. Gusdorf, *La parole*, p. 24.

généralisation téméraire de quelques faits limités, très personnels, d'un caractère très humain, trop humain[21] ».

Dans le but d'assurer à la pensée une nouvelle aurore, Nietzsche fait appel aux grands types de l'esprit philosophique, tels que les présocratiques comme Empédocle et Héraclite. Ses ancêtres d'esprit, qui n'ont rien à voir avec l'*anthropos théoritikos*, d'origine socratique, sont étranger à tout esprit de système, à la matrice de ce ''noble enfantillage'' appelé Métaphysique. Cette espèce de pensée fait office de ce qui contraint les philosophes à se soumettre aux mécanismes de refoulement et de domination.

Le philosophe est, aux yeux de Nietzsche, un déchiffreur d'énigmes, un tentateur qui vise, par ses expérimentations à travers les sentiers non battus, à « trouver de *belles possibilités de vie*[22] » grâce à sa résistance à son époque dont la décadence envahit le labyrinthe de l'âme moderne. Nietzsche, ce généalogiste de la morale, tente de soumettre à ses investigations les plus profondes « (...) le long texte hiéroglyphique, laborieux à déchiffrer du passé de la morale humaine[23] ! ».

La mise en perspective historique de la grammaire métaphysique vise à confronter « l'épaisseur sédimentée du code linguistique, moral et religieux » à « la transparence des signes » dans le but de dénouer « l'alliance tacite, cette "confusion" entretenue, écrit Jean-Michel REY, sans fin reconduite, sans être jamais nommée, du signifié et de la valeur:

21 F. Nietzsche, *Par-delà bien et mal*, préf., p. 10-11.

22 *Considérations inactuelles III et IV*, in OPC., Gallimard, FP., §. 6[48].

23 *La généalogie de la morale*, tr. de l'allemand par H. Albert, Paris, Idées/Gallimard,1964, avant-propos, p. 18.

la position intangible d'un sens (ou d'une "vérité") toujours déjà posé, connoté éthiquement ou même religieusement[24] ».

Il nous reste, enfin, à formuler quelques remarques à propos de Nietzsche et de son dépassement de cette dualitude du lisible et de l'illisible, produite en marge de l'expérience métaphysique de la raison occidentale, mais sans pouvoir tirer de conclusions supposées hâtives. Primo, Nietzsche s'est opposé au dualisme métaphysique qui affecte la prose du conceptualisme rationaliste. C'est pour cette raison qu'il introduit dans ses textes l'aphorisme et le poème. « Lire, écrit Eric Blondel, est toujours une entreprise risquée: l'affrontement d'une énigme, le risque d'une errance[25] ».

L'étrangeté de tout texte ne serait, par conséquent, qu'une ostentation lançant un défi à la poétique du regard humain. La témérité traduit, face à l'inconnu, son premier article de foi : vivre dangereusement. « Quand j'essaie, écrit Nietzsche, de m'imaginer le portrait d'un lecteur parfait, cela donne toujours un monstre de courage et de curiosité, et en outre quelque chose de souple, de rusé, de prudent, un aventurier et un explorateur-né[26] ». Le texte se différencie de l'être humain par le fait qu'il suppose avoir deux "pères", son écrivain et son lecteur. La "bâtardise" de tout texte assure sa perpétuité. La continence est loin d'être un qualificatif de ce qui est destiné à la monstration. Mais, l'illisible demeure à jamais la face cachée de ce qui se révèle.

---

24 J.-M. Rey, « *La généalogie nietzschéenne* » in *Histoire de la philosophie* sous la direction de François Châtelet, Paris, Hachette, 1972, tome 3, p. 153.

25 E. Blondel, *Nietzsche – le corps et la culture / La philosophie comme généalogie philologique*, Paris, PUF, coll. Philosophie d'aujourd'hui, 1986, p.7.

26 F. Nietzsche, « *Pourquoi j'écris de si bons livres* », in *Ecce homo*, tr. de l'allemand par J.-Cl. Hémery, Paris, Idées/Gallimard, 1985, §. 3, p. 68.

CONCLUSION

Nietzsche à la limite de la cognoscibilité[1]

Rappelons, au terme de ce travail, que le but de cette traversée de l'Œuvre nietzschéenne n'était nullement de commémorer les aventures d'un esprit qui a réussi à découvrir « le vrai Nietzsche[2] ». Ce qui veut dire que notre discours sur la pensée de ce grand philosophe ne charrie aucune visée conclusive. Ce livre affiche son caractère de scepticisme saugrenu à travers le déploiement d'un effort visant à élargir les figures de Nietzsche, et diversifier les modes d'accès à sa pensée. Un tel effort contribue à montrer que l'interprétation heideggérienne de Nietzsche, dotée d'une puissance déductive et d'une logique implacable, n'a pas pu empêcher H.-G. Gadamer de constater que « (...) l'analyse conceptuelle et l'intégration de Nietzsche dans la continuité

---

1 Le concept de cognoscibilité, traduisant le connu et le connaissable, est rejeté par Nietzsche à travers ses croisades contre la tradition culturelle de l'Occident. C'est donc d'une anti-cognoscibilité, trouvant dans l'art de la nuance son dispositif et son champ d'application, que Nietzsche se réclame et prétend être le premier penseur de l'incompris.

2 Jean Pierre Faye, *Le vrai Nietzsche – Guerre à la guerre*, Paris, éd. des sciences et des arts, coll. Savoir : Lettres, 1998.

de la tradition philosophique se révèlent d'une prodigieuse difficulté[3] ».

La polémique qui nous oppose à Heidegger consiste justement à montrer la mauvaise tournure qu'a prise son explication avec Nietzsche. Il s'agit certainement d'un paradoxe qui fait que Heidegger, au lieu de vaquer simplement à la réhabilitation de Nietzsche et à sa soustraction du carcan des jugements courants que certains portent sur sa pensée, cherche à tout prix à déduire les éléments de son interprétation de celui-là d'« une explication dans le domaine de la question fondamentale de la philosophie[4] ».

C'est à partir de ce moment-là que la réfutation heideggérienne de toutes les interprétations allemandes précédentes[5] de Nietzsche tombe sous les mêmes reproches de

---

3 Hans-Georg Gadamer, *Nietzsche l'antipode – Le drame de Zarathoustra*, suivi de *Nietzsche et nous*, Entretien entre Th. Adorno, M. Horkheimer et H.-G. Gadamer, tr. de l'allemand par Ch. David, Paris, Allia, 2000, p. 13.

4 « Explication dans ce sens revient à exercer une authentique critique. C'est l'unique et suprême manière d'apprécier véritablement un penseur. Car elle se charge de repenser sa pensée, de la poursuivre, non dans ses faiblesses, mais dans sa force agissante. Et pourquoi cela? Afin que nous-mêmes par cette explication nous devenions libres pour soutenir le suprême effort de la pensée. » M. Heidegger, *Nietzsche, I*, p. 15.

5 « Mais depuis longtemps l'on a coutume de se dire, du haut des chaires allemandes de philosophie, que Nietzsche ne serait point un penseur rigoureux, mais un "philosophe-poète", que Nietzsche ne compterait point parmi les philosophes qui eux ne réfléchissent que sur les choses abstraites et séparées de la vie, sur des choses fantomales. (…)Pareille façon de voir recouvre absolument l'opinion de ceux qui saluent en Nietzsche "le philosophe de la vie" qui aurait liquidé la pensée abstraite une fois pour toutes. Ces jugements courants portés sur Nietzsche sont erronés. L'erreur ne saurait être reconnue que si une explication avec Nietzsche provoque simultanément une explication dans le domaine de la question fondamentale de la philosophie. » Ibid., op. cit., pp.

réduction totalisante, celle qui n'accepte de découvrir dans l'œuvre interprétée que ce qu'elle veut y trouver. Ajoutons encore que Heidegger a forgé les éléments de sa digression méthodologique sans se fonder sur une lecture immanente ou interne de l'ensemble du corpus nietzschéen.

Heidegger a cru, dur comme fer, avoir découvert dans la notion de "la Volonté de puissance"[6] le point fixe à partir duquel il serait en droit de subsumer, sous l'empire de la Métaphysique, l'ordre du discours de Nietzsche et d'évacuer, du même coup, les aberrations non philosophiques qui constituent les avatars du nietzschéisme. Par contre, ce qu'il a produit à l'issue de ses explications tortueuses avec ce qui n'était qu'un pis-aller de Nietzsche porte, comme un ver dans le fruit, les tares et les déficiences inhérentes à toute interprétation savante, notamment le parti pris d'un secret dogmatisme. Heidegger ignore, en effet, que l'image de Nietzsche qu'il vient de forger ne correspond, tout au mieux, qu'à la sémiotique d'un espace philosophique

6 « C'est ainsi qu'à partir de l'essence de la Volonté de puissance, considérée en tant que la puissance [*Mächtigkeit*] de la volonté apparaîtra de divers côtés en quel sens cette interprétation de l'étant se situe dans le mouvement fondamental de la pensée occidentale ; comment, à cause de cela, et à cause de cela seulement, cette interprétation est en mesure de donner un branle décisif à la pensée du XX siècle dans sa tâche conceptuelle. Mais, certes, nous ne pouvons jamais saisir cette intérieure historialité de la pensée nietzschéenne, en vertu de laquelle elle embrasse l'étendue des siècles, si nous ne sommes portés qu'à prendre au vol des résonances, des emprunts et des déviations ; nous n'y parviendrons qu'en comprenant la volonté pensante de Nietzsche. Ce ne serait guère un tour de force ou, mieux, ce ne serait rien de plus, que de relever, au moyen d'un schéma de concepts fixé à l'avance, toutes discordances, négligences et contradictions, tout ce qu'il y a de hâtif et souvent aussi de superficiel et de fortuit dans les descriptions de Nietzsche. *A l'opposé, nous cherchons le domaine de son propre questionnement.* » M. Heidegger, *Nietzsche, I*, p. 66.

faisant du principe de la Subjectivité et de l'époque des conceptions du monde le ciment de sa pertinence et de sa crédibilité.

N'est-il pas alors contradictoire, du côté de Heidegger, de soutenir d'une part que le langage prosaïque traduit le pouvoir de la raison calculatrice soutenant la « mainmise irrésistible et totale de la technique sur le monde et sur l'homme[7] » et d'affirmer, d'autre part, que ce même langage est le seul capable de nous rendre le sens philosophique de la pensée de Nietzsche, si poétique qu'elle soit[8]? Si Heidegger refuse de croire à la substantialité des *onoma* ou à la rectitude des dénominations[9], comment a-t-il pu alors se soustraire à la critique de ceux qui le tiennent pour l'un des « possédés du vrai »?

---

7 M. Heidegger, *Le principe de raison*, tr. de l'allemand par A. Préau, préf. de J. Beaufret, Paris, Tel / Gallimard, 1986, p. 183.

8 « Dans la manière dont Nietzsche pense sa pensée fondamentale, le "poétique" est en effet aussi "théorique" que le "théorique" y est en soi "poétique". Toute façon de penser philosophique, et précisément la plus rigoureuse et la plus prosaïque, est en soi poétique et cependant elle n'est jamais de l'art poétique. En revanche une œuvre poétique tels les hymnes de Hölderlin – peut être conceptuelle au suprême degré, et tout de même elle ne sera jamais de la philosophie. Or, Ainsi parlait Zarathoustra de Nietzsche est au suprême degré poétique et cependant, non pas une œuvre d'art, mais de la "philosophie". Parce que toute réelle philosophie, c'est-à-dire toute grande philosophie, est en soi conceptuellement poétique, la distinction du "poétique" et du "théorique" ne saurait servir en rien à distinguer des notations philosophiques par rapport à d'autres qui ne le seraient pas. » M. Heidegger, *Nietzsche, I*, p. 258.

9 « Je me demande quelle peut bien être la nature de notre connaissance qui ne saisit le réel qu'à travers ses dénominations et n'agit sur lui que par l'intermédiaire de formules, sans jamais atteindre à l'intuition totale et directe de la vérité, ni à l'accomplissement immédiat de ses conceptions, dont notre pensée fait le privilège des Dieux. » Brice Parain, *Essai sur le logos platonicien*, Paris, Gallimard, 1977, p. 5.

Il est, du reste, clair que Heidegger a tout fait pour barrer la route à tout effort « d'entrevoir tous les étages et même toutes les maisons de la pensée de Nietzsche[10] ». C'est pourquoi son interprétation ressemble plutôt à un détour qui ne vise qu'à expliciter les articulations sur lesquelles se fonde sa propre remémoration de l'histoire de la Métaphysique comprise, de part en part, comme nihilisme. Ainsi, le Nietzsche perdu à jamais dans la loterie de Heidegger ne peut, en aucun cas, ressembler à celui qui incarne aux yeux de Jean-Pierre Faye la « (...) philosophie à l'état d'extrême fraîcheur, dans sa chair de pensée[11] ».

Par conséquent, l'explication heideggérienne avec Nietzsche qui n'était qu'un épisode dans une longue série d'instances réitérant une seule et même question, celle de l'oubli de l'Être, débouche sur « un contresens gigantesque qui présente Nietzsche comme le dernier métaphysicien, comme la fin d'une longue décadence commencée avec le premier des présocratiques et dont seul lui-même, Heideg-

10 A. Kremer-Marietti, « *Introduction: Interprétations de Nietzsche* », in, *Revue Internationale de Philosophie*, N°211, Volume 54, Mars 2000, p. 3.

11 « On peut se souvenir de l'étrange lettre de Dostoïevski, dans ses dernières années, publiée à titre posthume en 1887, où il est affirmé que "derrière les nihilistes, il y a les Juifs". Devant le danger d'une telle accusation, réitérée par le recteur de Francfort contre Heidegger, la fausse image de Nietzsche en 1936, laborieusement construite par sa sœur, offrait une planche de salut. Mais après 1945, nous verrons Heidegger soutenir sans hésitation que la "chute" dans la "métaphysique nihiliste" commence avec le tout premier des philosophes grecs, Anaximandre, et va "d'Anaximandre jusqu'à Nietzsche". *De bouclier idéologique, celui-ci est devenu bouc émissaire philosophique.* Bouc ou bouclier, le Nietzsche de Heidegger est une fausse monnaie d'échange. » Voir Jean Pierre Faye, *Le vrai Nietzsche – Guerre à la guerre*, pp. 50-59.

ger, va faire sortir l'humanité[12] ». Donc, Heidegger a réussi à fonder une forme très particulière d'un messianisme profane, une sorte de sotériologie sans salut relayée par un archi-savoir déguisé, dont le style guindé puise sa chape d'énigmes dans "la légende de l'Être".

Le silence de Heidegger et son insensibilité vis-à-vis de "l'humeur" de Nietzsche et de son "jeu des perspectives" privent son interprétation d'un point d'appui, dont l'absence fait qu'elle n'est en réalité que le fruit d'une *mésentente* avec Nietzsche, interdisant toute longue et patiente écoute de ses multiples voix. Or, Heidegger prive les "vérités" de Nietzsche de leur droit de se laisser librement advenir, comme il pensait laisser jaillir d'elle-même l'essence de la Vérité ou, plutôt, « la proximité de la vérité de l'Être[13] ». Ses tentatives d'introduire de force le philosophe en question dans le "bercail" de l'Être visent précisément à le dompter et à effacer les traits de sa résistance à la tautologie cognitive.

L'intrigue de cette interprétation tourne autour d'un jugement de Nietzsche par contumace, là où on ne le convoque que trop tard pour que son œuvre cède inéluctablement à

12 « A partir de là, Heidegger va ressortir peu à peu tous ses textes, en général sans les retoucher. Il construit ainsi un Nietzsche d'après-guerre, un Nietzsche qui est *la fin de la métaphysique nihiliste*. Le lecteur français n'y voit que du feu: tout le monde est resté dans l'idée que Nietzsche a inspiré le nazisme et, bien qu'il soit très grand, qu'il ne soit pas vraiment un nazi, on admet qu'après tout, il serait le penseur de la métaphysique nihiliste… Ce qui est en contradiction absolue avec chaque phrase de Nietzsche, lui qui, à chaque moment, se présente comme l'antimétaphysicien et même comme le *misosophe*, l'antiphilosophe. » Voir Jean Pierre Faye, *Le vrai Nietzsche – Guerre à la guerre*, p. 49.

13 M. Heidegger, « *De l'essence de la vérité* », in *Questions I et II*, tr. de l'allemand par K. Axelos et autres, Paris, Tel / Gallimard, 1990, p. 194.

la machination d'un sort préétabli. Ses paroles se trouvent confisquées et remplacées par une version postiche de ses pensées. Heidegger tente, dès lors, de s'imposer clairement "comme maître et possesseur" de Nietzsche. Les amis des Idées tels ceux qu'on découvre au fil des *Dialogues* de Platon se révèlent, sous la bannière de Heidegger, comme des "damnés" de l'histoire de l'Être[14] à travers laquelle ils se sont systématiquement donnés à des ratiocinations, aberrantes à leur insu, ouvrant finalement sur « (...) cette dispensation de l'être, où l'être se livre à nous comme objectité et aménage ainsi l'étant sous forme d'objets[15] ».

Nous pensons que le pari de Heidegger consiste à implanter Nietzsche, à tout prix, au sein de l'époque dite "les temps modernes". Sa stratégie l'autorise à inverser les ''vertus" et à camoufler les expressions indéchiffrables de cette pensée hostile aux legs de la parousie. L'inversion se présente d'emblée sous la figure d'une négation de tout ce que Nietzsche voudrait être. Philologue, sceptique, expérimentateur, immoraliste, artiste, généalogiste, psychologue, éducateur, médecin, sage, Nietzsche avait le génie de jouer ou d'incarner charnellement tous ses rôles à la fois et de se tenir fermement sur le socle de l'intempestif.

---

14 « Depuis lors, la vérité de l'Être demeure celée à la métaphysique, au cours de son histoire d'Anaximandre à Nietzsche. Pourquoi la métaphysique ne la pense-t-elle pas? (...) L'énoncé de la métaphysique, de son commencement à sa consommation, se meut d'étrange façon dans une confusion permanente d'étant et d'Être. Cette confusion, il faut assurément la penser comme événement et non comme faute. Elle ne peut aucunement avoir son fondement dans une simple négligence de la pensée ou dans une légèreté du dire. Par suite de cette confusion permanente, la représentation atteint au comble de l'aberration, lorsqu'on affirme que la métaphysique pose la question de l'Être. » M. Heidegger, « *Qu'est-ce que la métaphysique?* », in *Questions I et II*, p. 29.

15 M. Heidegger, *Le principe de raison*, p. 183.

Chez Heidegger, Nietzsche se trouve dépouillé totalement de ses masques. L'incompréhensibilité qui caractérise et l'homme et l'œuvre s'effondre sous le poids de l'évacuation heideggérienne de "l'âme tigrée" d'un penseur de qui nous retenons une leçon témoignant d'un scepticisme hors du commun. « (…) je crois, écrit Nietzsche, que j'ai trop de malice pour "croire" moi-même en moi[16] ». Venant d'un "réformateur" qui a pu survivre au calvaire de ses "sept solitudes", cette déclaration tient lieu d'une désespérante suspicion troublant toute forme de créance. Une suspicion qui atteint son paroxysme face au culte du moi qui pourrait être la ruse et le dernier refuge du "Dieu caché".

Contrairement à Nietzsche qui accorde au masque le privilège d'être la pierre angulaire de tout esprit de profondeur[17], Heidegger opte pour la figure du dernier maître de vérité tenu d'exhumer l'essence de la vérité comme dévoilement ou non-retrait (*Aléthéia*). Par ailleurs, pourrions-nous expliquer comment le dispositif de la pensée de Heidegger se démarque du paradigme solaire de la connais-

---

16 F. Nietzsche, « *Pourquoi je suis un destin* », in, *Ecce homo – Comment l'on devient ce que l'on est*, §. 1, p. 141.

17 « Tout ce qui est profond aime le masque; les choses les plus profondes haïssent même l'image et le symbole ;(…) Cet homme secret, qui use instinctivement de la parole pour se taire et taire ce qui doit rester enfoui, qui invente inépuisablement des ruses pour se soustraire à la communication, cet homme, dis-je, ne désire rien tant que de voir un masque lui tenir lieu de visage dans l'esprit et le cœur de ses amis ; et s'il ne le désire pas, ses yeux s'ouvriront un jour, et il verra qu'il se confond tout de même avec un masque, et que c'est bien ainsi. Tout esprit profond a besoin d'un masque ; je dirai plus: un masque se forme sans cesse autour d'un esprit profond, parce que chacune de ses paroles, chacun de ses actes, chacune de ses manifestations est continuellement l'objet d'une interprétation fausse, c'est-à-dire *plate.* » F. Nietzsche, *Par-delà bien et mal – Prélude d'une philosophie de l'avenir*, §. 40, p. 58-59.

sance, - mis en place par le Socrate de Platon et refondé par Descartes et Kant -, tout en étant malgré cela la matrice de cette interprétation de Nietzsche qui s'oppose à celles qui le tiennent pour le "philosophe masqué"?

En fait, séparer Nietzsche de ses masques conduit à biffer l'élément et les réflexes de sa pensée qui ne peuvent émaner que d'un « disciple du philosophe Dionysos ». Toutefois, la visée de Heidegger consiste très exactement à brouiller les cartes du philhellénisme nietzschéen. N'est-ce pas Nietzsche lui-même qui déclare Héraclite son propre consanguin? Cette affinité, attestée par plusieurs fragments de l'œuvre nietzschéenne, réunit Nietzsche et Héraclite sous la bannière de la probité intellectuelle et la *philia* d'une « sagesse immortelle, riche de sens pour l'éternité, une sagesse dont l'influence s'étendrait sans limite, à l'image des discours prophétiques de la Sibylle. Voilà qui doit suffire à l'humanité la plus lointaine pourvu qu'elle n'interprète que comme des sentences d'oracle ce qu'il "n'a ni exprimé, ni dissimulé", à l'instar du dieu de Delphes[18] ».

Que dire enfin d'un philosophe dont la sagesse consiste à oser comprendre et vivre la question fracassante : « Pourquoi la connaissance ? » Par son incorporation du « texte primitif, le rude texte de l'homme naturel[19] », Nietzsche se

18 « Tandis que chaque parole d'Héraclite exprime l'orgueil et la majesté de la vérité, mais d'une vérité qu'il saisit par intuition sans l'escalader par l'échelle de corde de la logique, alors qu'il la perçoit dans une extase sibylline plutôt que par l'observation, et qu'il la reconnaît au lieu de la déduire(...) Bien qu'il fasse justement connaître cette sagesse "sans sourire, sans fard et sans baume", mais qu'au contraire il l'exprime " la bouche écumante", elle *doit* atteindre les millénaires à venir. » F. Nietzsche, « *La philosophie à l'époque tragique des Grecs* », in, *Ecrits posthumes 1870/1873*, tr. par J.-L. Bakès et autres, Paris, Gallimard, 1975, §. 8 et 9, p. 240-241.

19 *Par-delà bien et mal – Prélude d'une philosophie de l'avenir*, §. 230, p. 172.

situe de lui-même à la limite de la cognoscibilité. Et pour terminer, nous tenons à affirmer que l'*indiscernabilité* devrait être, au préalable, le premier article de foi de tout interprète de Nietzsche pour qu'il puisse mettre fin à toute manipulation du corpus nietzschéen à l'aune des procédés techniques relevant d'un savoir préétabli. La compréhension se trouve ainsi léguée aux épreuves d'un hasard "savant", et le rôle de l'interprète se détacherait, dès lors, de la « profondeur de sa compréhension[20]

20 « (...) les pensées qui sont restées inachevées ont aussi leur valeur. Ce qu'il faut, par suite, c'est ne pas mettre un poète à la gêne d'une interprétation trop subtile, mais se plaire à l'incertitude de son horizon comme si la voie était encore ouverte à une multitude d'idées. On est sur le seuil ; on attend, comme pour l'exhumation d'un trésor: il semble que l'on va faire à l'instant une heureuse trouvaille de pensées profondes. Le poète anticipe quelque peu sur le bonheur du penseur découvrant une idée essentielle et nous remplit ainsi d'un désir qui nous lance vers elle ; pour elle, elle passe, folâtre, en nous frôlant la tête et elle arbore les plus belles ailes de papillon – et voici pourtant qu'elle nous échappe. » F. Nietzsche, *Humain, trop humain*, I, in *OPC.*, §. 207. Voir aussi le fragment 240 du même ouvrage.

Bibliographie

Œuvres de Nietzsche:

[Friedrich Nietzsche, Digital critical edition of the complete works and letters, based on the critical text by G. Colli and M. Montinari, Berlin/New York, de Gruyter 1967-, edited by Paolo D'Iorio].

Œuvres philosophiques complètes, textes et variantes établis par G. Colli et M. Montinari, traduction française partielle (coll. « Grise »), Paris, Gallimard, 1974-1997. L'abréviation de ces références s'est faite sous le sigle: OPC., et celle des Fragments posthumes sera: FP.

Par-delà bien et mal, tr. fr. par C. Heim, Paris, Idées / Gallimard, 1983.

Contribution à la généalogie de la morale, tr. fr. et notes par A. Kremer-Marietti, Paris, U. G. E., coll. 10/18, 1974.

Ainsi Parlait Zarathoustra, tr. fr. par M. De Gandillac, Paris, Idées /Gallimard, 1981.

Le cas Wagner - Crépuscule des idoles, présentations et traductions de l'allemand par E. Blondel et P. Wotling, Paris, GF, 2005.

Le cas Wagner suivi de Nietzsche contre Wagner, tr. fr. par J.-Cl. Hémery, Paris, Idées / Gallimard, 1980.

L'Antéchrist, tr. et présentation par D. Tassel, Paris, U.G. E., coll. 10/18, 1985.

Ecce Homo, tr. fr. par J.-Cl. Hémery, Paris, Idées / Gallimard, 1985.

La Volonté de Puissance - Essai d'une transmutation de toutes les valeurs (Etudes et fragments), tr. fr. par H. Albert, Paris, Le livre de poche, L.G.F., 1991.

Dernières Lettres, tr. de l'allemand par C. Perret, préf. de J.-M. Rey, Paris, Rivages, 1989.

Ouvrages sur Nietzsche et autres références:

- Alain Touraine, *Critique de la modernité*, Paris, Librairie Arthème Fayard, coll. biblio essais, 1992.

- *Un nouveau paradigme – Pour comprendre le monde aujourd'hui*, Paris, Librairie Arthème Fayard, 2005.

- Albert Camus, *L'Homme révolté*, Paris, Gallimard, N.R.F. 1951.

- Alexis Philonenko, , *Nietzsche, le rire et le tragique*, Paris, Le livre de poche, 1995.

-André Cresson, *Nietzsche, sa vie, son œuvre avec un Exposé de sa philosophie*, Paris, P.U.F., coll. ''Philosophes'', 1965.

- Angèle Kremer-Marietti, *L'homme et ses labyrinthes*, Paris, U.G.E., coll.10/18, 1972.

-- *Nietzsche et la rhétorique*, Paris, P.U.F., 1992.

-*Nietzsche ou les enjeux de la fiction*, Paris, L'Harmattan, 2009.

-*Thèmes et structures dans l'œuvre de Nietzsche*, Paris, Lettres Modernes, 1957.

- Arthur Schopenhauer, *Ils corrompent nos têtes*, tr. de l'allemand par A. Dietrich, Circé, 1991.

- Barbara Stiegler, *Nietzsche et la biologie*, Paris, P.U.F., coll. Philosophies, 2001.

-*Nietzsche et la critique de la chair*, Paris, P.U.F., Epiméthée, 2005.

-Cahier de l'Herne, *Heidegger*, Paris, l'Herne, 1983.

-Cahier de l'Herne, *Nietzsche*, Paris, l'Herne, 2000.

-Céline Denat, *Friedrich Nietzsche – Généalogie d'une pensée,* Bélin, 2016.

Charles Andler , *Nietzsche, sa vie et sa pensée*, Paris, Gallimard, N.R.F., 3 volumes, 1958.

- Claude Levesque, *L'étrangeté du texte – Essai sur Nietzsche, Freud, Blanchot et Derrida*, Paris, U.G.E., coll. 10/18, 1978.

- Curt Paul Janz, *Nietzsche*, Paris, Gallimard, coll. « Leurs figures », 3 tomes, 1984.

-Didier Franck, *Nietzsche et l'ombre de Dieu*, Paris, P.U.F., coll. Epiméthée, 1998.

-Dorian Astor, *Nietzsche*, Paris, Gallimard, 2011.

Eric Blondel, *Nietzsche – Le corps et la culture*, Paris, P.U.F., coll. Philosophie d'aujourd'hui, 1986.

- Eugen Fink, *La philosophie de Nietzsche*, Paris, Minuit, 1965.

-Franz Overbeck, *Souvenirs sur Nietzsche*, tr. de l'allemand par J. Champeaux, Paris, ALLIA, 1999.

-Georges Morel, *Nietzsche – Introduction à une première lecture*, Paris, Aubier/Montaigne, 1985.

-Gianni Vattimo, *Ethique de l'interprétation*, tr. de l'italien par J. Rolland, Paris, La Découverte, 1991.

- *Introduction à Nietzsche*, tr. de l'italien par F. Zanussi, Bruxelles, De Boeck, coll. Le point philosophique, 1991.

- *La fin de la modernité*, tr. de l'italien par Ch. Alunni, Paris, Seuil, 1987.

- *Les aventures de la différence*, tr. de l'italien par P. Gabellone, R.Pineri et J. Rolland, Paris, Minuit, 1985.

-*Au-delà de l'interprétation*, tr. de l'italien par M. Somville-Garant, Paris, De Boeck, coll. Le point philosophique, 1997.

-Gilbert Durand, *L'âme tigrée – Les pluriels de psyché*, Denoël / Gonthier, coll. Médiations, 1980.

-Gilles Deleuze, *Logique du sens*, Paris, Minuit, 1969.

- *Nietzsche et la philosophie*, Paris, P.U.F., 1962.

-*Différence et répétition*, Paris, P.U.F., coll. Epiméthée, 1969.

-Hans-Georg Gadamer, *Nietzsche l'antipode / Le drame de Zarathoustra*, Paris, Allia, , 2000.

- *Langage et vérité*, tr. de l'allemand par J.-Cl. Gens, Paris, Gallimard, 1995.

- Henri Lefebvre, *Hegel – Marx - Nietzsche ou Le royaume des ombres*, Casterman, coll. « Synthèses contemporaines », 1975.

- Ignace Haaz, *Nietzsche et la métaphore cognitive*, Paris, L'Harmattan, 2006.

-Jean Beaufret, *Dialogues avec Heidegger*, 4 tomes, I. Philosophie grecque (1973), II. Philosophie moderne (1973), III. Approche de Heidegger (1974), IV. Le chemin de Heidegger (1985), Paris, Minuit.

- Jacques Sojcher, *Nietzsche: rien qu'un fou, rien qu'un poète*, La Renaissance du Livre, 2000.

- Jean Granier , *Le Problème de la Vérité dans la philosophie de Nietzsche*, Paris, Seuil, 1966.

- *NIETZSCHE*, Paris, P.U.F., coll. Que sais-je, 1982.

- Jean Lefranc, *Comprendre Nietzsche*, Paris, Armand Colin, 2009.

- Jean-François Balaudé, Patrick Wotling(dir.), *Lectures de Nietzsche*, Choix de textes, Paris, L.G.F., Le livre de poche, 2000.

- Jean-Michel Rey, *L'enjeu des signes - Lecture de Nietzsche*, Paris, Seuil, 1971.

- Jean-Pierre Faye, *Le vrai Nietzsche – Guerre à la guerre*, Paris, Hermann, 1998.

-Jean Chaix-Ruy, *Nietzsche*, Paris, Universitaires, coll. Classiques du XX siècle, 1963.

-Jérôme de Gramont, *Le DISCOURS DE LA VIE – Trois essais sur Platon, Kierkegaard et Nietzsche*, Paris, L'Harmattan, coll. Ouverture Philosophique, 2001.

-Jürgen Habermas, *Le discours philosophique de la modernité – Douze conférences*, tr. de l'allemand par Ch. Bouchindhomme et R. Rochlitz, Paris, Gallimard, 1988.

-Karl Jaspers, *Les grands philosophes*. 1, trad. de l'allemand par G. Floquet et autres, Paris, Plon, coll. 10/18, 1972.

- *Nietzsche, introduction à sa philosophie*, tr. de l'allemand par H. Niel, Paris, Tel / Gallimard, 1978.

- *Introduction à la philosophie*, tr. de l'allemand par J. Hersch, Paris, U.G.E., coll. 10/18, 1965.

-Karl Löwith, *Nietzsche: philosophie de l'éternel retour du même*, tr. de l'allemand par A.-S. Astrup, Paris, Calmann-Lévy, 1991.

- *De Hegel à Nietzsche*, Paris, Tel/Gallimard, ,1981.

-Martin Heidegger, *Achèvement de la métaphysique et poésie*, tr. fr. par A. Froidecourt, Paris, Gallimard, 2005.

- *Chemins qui ne mènent nulle part*, tr. fr. par W. Brokmeier, Paris, Idées / Gallimard, 1980.

- *Essais et Conférences*, tr. fr. par A. Préau, Paris, Tel/Gallimard, 1990.

- *Questions I et II*, tr. fr. par K. Axelos…, Paris, Tel / Gallimard, 1990.

- *Questions III et IV*, tr. fr. par J. Beaufret…, Paris, Tel / Gallimard, 1990.

- *Introduction à la métaphysique*, tr. fr. par G. Kahn, Paris, Tel / Gallimard, 1980.

- *Nietzsche I et II*, tr. fr. par Pierre Klossowski, Paris, Gallimard, 1971.

-Martin Steffens, *Nietzsche pas à pas*, Paris, ellipses, 2008.

-Martin Steffens, *Nietzsche pas à pas*, Paris, ellipses, 2008.

- Michel Haar, *Nietzsche et la métaphysique*, Paris, Tel / Gallimard, 1993.

- *Par-delà le nihilisme: Nouveaux essais sur Nietzsche*, Paris, P.U.F., 1998.

-Michel Guérin, *Nietzsche – Socrate héroïque*, Paris, Bernard Grasset, 1975.

-*Nietzsche Aujourd'hui?* 2 Volumes, « *Intensités* » et « *Passions* », Colloque organisé par le Centre culturel international de Cerisy-la-salle en Juillet 1972, Paris, U.G.E., coll. 10/18, 1973.

- *Nietzsche*, Cahiers de Royaumont – Philosophie N° VI, VII Colloque – 4-8 Juillet 1964, Paris, Minuit,1967.

-*Nouvelles lectures de Nietzsche*, textes recueillis par D. Janicaud, L'Age d'Homme, 1985.

- Patrick Wotling, *Nietzsche et le problème de la civilisation*, Paris, P.U.F., coll. Questions, 1995.

- *La Pensée du sous-sol - Statut et structure de la psychologie dans la philosophie de Nietzsche*, Paris, Allia, 1999.

- *Le Vocabulaire de Nietzsche*, éd. Ellipses, Paris, 2001.

- *La philosophie de l'esprit libre -Introduction à Nietzsche*, Paris, Champs / Flammarion, 2008.

-*Dictionnaire Nietzsche*, (avec Céline Denat), Paris, Ellipses, 2013.

-Paul Valadier, *Essais sur la modernité - Nietzsche et Marx,* Paris, Cerf-Desclée, coll. Diagnostic, 1974.

- *Nietzsche, l'Athée de rigueur*, Paris, Desclée de Brouwer, 1989.

- *Nietzsche l'intempestif*, Paris, Beauchesne, coll. « Le grenier à sel », 2000.

-Pierre Boudot, *Nietzsche en miettes*, Paris, P.U.F., coll. Quadrige 1993.

- *Nietzsche et les écrivains français*, Paris, Aubier-Montaigne, coll. 10/18, 1970.

- Pierre Klossowski, *Nietzsche et le cercle vicieux*, Paris, Mercure de France, 1969.

- Pierre Montebello, *Nietzsche - La volonté de puissance*, Paris, P.U.F., coll. Philosophies, 2001.

- *Pourquoi nous ne sommes pas nietzschéens*, recueil collectif de A. Boyer, A. Comte-Sponville, V. Descombes…, Paris, Bernard Grasset, 1991.

- Ronald Hayman, *NIETZSCHE*, tr. de l'anglais par Ch. Cler, Paris, Seuil, 2000.

-Rüdiger Safranski, *Heidegger et son temps*, tr. de l'allemand par I. Kalinowski, Paris, Grasset, 1996.

- *Nietzsche – Biographie d'une pensée*, tr. de l'allemand par N. Casanova, Paris, Actes Sud, 2000.

- Sarah Kofman, *Nietzsche et la métaphore*, Paris, Payot, 1972.

-Thomas Mann, *Wagner et notre temps*, Avant-propos et notes de G. Liébert, Paris, Hachette/Pluriel, 1978.

-Tzvetan Todorov, *L'esprit des Lumières*, Paris, Robert Laffont, coll. biblio essais, 2006.

TABLE DES MATIÈRES

PHILOSOPHIE
AUX ÉDITIONS L'HARMATTAN

Dernières parutions

MACHIAVEL ET LA COMMUNICATION POLITIQUE

Sagar Seck

Cet ouvrage montre comment la communication politique a subi l'influence des préceptes du Prince, ceci même si l'oeuvre de Machiavel n'a pas toujours été lue. Néanmoins, l'étrange familiarité qui lie Machiavel au mal, dans sa pensée politique, semble relever d'une nécessité qui souvent commande les rapports gouvernants-gouvernés. Ce lien entre Machiavel et les politiques modernes se lit surtout à travers l'évocation d'une expression propre au pouvoir et que dissimule le politique grâce aux médias, ce qui décrit un nouveau rapport entre pouvoir et presse.

(Coll. Questions contemporaines, 296 p., 31 euros)

ISBN : 978-2-343-18211-7, EAN EBOOK : 9782140131721

CRISE DANS LA REPRÉSENTATION

Photographie, médias & capitalisme, 3

Corée / France

Sous la direction de François Soulages

Le problème de la présence oblige à mettre en oeuvre la représentation, comme si, pour l'être humain, la présence ne pouvait se suffire à elle-même et devait s'accompagner de représentation et de langage. Mais la représentation fait elle-même problème au point qu'il y a crise dans la représentation. En effet, les hommes hésitent entre croyance et doute face aux représentations : qu'elles soient celles des médias, de la photographie, de l'économie ou de la politique, c'est une crise généralisée de et dans la représentation.

(Coll. Eidos, 200 p., 20,5 euros)

ISBN : 978-2-343-18640-5, EAN EBOOK : 9782140131639

LA RÉPUBLIQUE DÉMOCRATIQUE DU CONGO, PRODIGUE OU PRODIGE ?

Essai d'une philosophie politique et d'une théologie pour le Congo

Justin Adriko Mundua

Quelle philosophie politique et quelle théologie pour l'Afrique, en général, et pour le Congo, en particulier, en ce vingt et unième siècle qui totalise bientôt deux décennies ? Devant le paradoxe congolais, l'auteur propose de passer de la répétition des pensées philosophiques et théologiques d'importation à une pensée philosophique et théologique propre au Congo et à même de répondre aux défis du moment. Le livre se veut une réponse à la quête identitaire multiséculaire des Congolais et, plus largement, des Africains.

(Coll. Droits, Sociétés, Politiques "Afrique des Grands Lacs", 262 p., 26 euros)

ISBN : 978-2-343-17428-0, EAN EBOOK : 9782140130632

DE L'AMOUR IMAGINAIRE À LA PLÉNITUDE DU MANQUE

Christian Martin

Il semble n'exister aucune borne à la férocité de l'homme envers son semblable. L'amour ment à longueur de journée. Peut-être parce qu'il recouvre d'une même lumière diffuse la passion érotique, l'attachement, l'amitié et l'amour du prochain tout autant que l'espoir illusoire de toutes nos névroses. Écartelé entre égoïsme et altruisme, je peux établir une relation d'amour avec l'autre en le considérant comme un objet, un miroir, une idée désincarnée ou un sujet de droit. Mais qu'il soit pulsion, fusion, communion ou communication, l'amour est une construction sociale imaginaire. L'amour communicant et respectueux semble se différencier positivement des autres formes qui tentent de combler un manque primordial.

(Coll. Ouverture Philosophique, 252 p., 25 euros)

ISBN : 978-2-343-18396-1, EAN EBOOK : 9782140131233

CHILI : LES SILENCES DU PARDON DANS L'APRÈS PINOCHET

Javier AGUERO AGUILA

Le philosophe chilien Javier Agüero Águila a consacré ses recherches à la psychanalyse, à la philosophie française contemporaine - avec une attention toute particulière à la pensée de Jacques Derrida -, à la « philosophie politique » : la violence, la démocratie et les droits de l'homme, l'hospitalité, la communauté et l'extranéité, la marginalité mais encore l'héritage, la mémoire, l'oubli, le pardon, etc. C'est autour du pardon que ce livre s'organise, engageant un débat sur le processus chilien de transition et de démocratisation mis en oeuvre après la dictature militaire de Pinochet.

(Coll. La philosophie en commun, 252 p., 26 euros)

ISBN : 978-2-343-17784-7, EAN EBOOK : 9782140130779

ENTRER EN PHILOSOPHIE ANTIQUE

Barthélemy Kabwana Minani

Face aux interrogations de la vie, la philosophie se déploie pour libérer l'homme du fanatisme et de l'étroitesse d'esprit. Elle lui apprend à marcher et lui montre le chemin. La philosophie antique, née en Afrique (Égypte), s'est étendue sur les rivages de l'Asie Mineure et à la Sicile, avant de se fixer à Athènes puis à Rome. Les grandes écoles de la philosophie antique embrassent tous les domaines, de la métaphysique aux sciences. Entrer en philosophie, c'est d'abord apprendre à penser par soi-même, c'est aussi se jucher sur les épaules des géants qui nous ont précédés.

(Coll. Pour Comprendre, 208 p., 21,5 euros)

ISBN : 978-2-343-18279-7, EAN EBOOK : 9782140130823

PENSER L'ENTRE-DEUX

Potentialités, devenir, visage

Emmanuel·le·s Weislo

85 000 antonymes organisent nos perceptions et relations dans une culture de l'opposition : l'un ou l'autre, sans alternatives. Cet « ordre des choses » imprègne nos pensées. Pourtant, le réel résiste à nos regards et se dessine le plus souvent en entrelacs, métissages, oscillations. Alors, comment penser cet entre-deux ? En déport d'une

« pensée duelle » qui sépare et réduit, il s'agit de laisser émerger une pensée qui distingue et relie, invitant à prendre en compte la diversité, la complexité et la continuité du monde pour observer des potentialités et des relations d'intérité qui façonnent le « devenir visage » de chaque personne.

(Coll. Ouverture Philosophique, 224 p., 23,5 euros)

ISBN : 978-2-343-18241-4, EAN EBOOK : 9782140130243

GASTON BACHELARD, L'INATTENDU

Les chemins d'une volonté

Jean-Michel Wavelet

Comment Bachelard, fils d'un cordonnier, professeur de physique et chimie, a-t-il pu devenir cet humaniste aussi savant que philosophe, aussi penseur que poète ? Il n'a pas emprunté les chemins balisés, ceux des élites universitaires et culturelles. Il a contrarié les pronostics et les conventions. Il s'est adjugé contre vents et marées le droit de penser par lui-même en bousculant les frontières des savoirs et de la culture et en dérangeant les us et coutumes établis. « Un ouvrage aussi lumineux que la destinée et l'oeuvre de Gaston Bachelard. Au plus près de sa vie et de sa pensée. » (Philippe Meirieu)

(Coll. Biographies, 278 p., 29 euros)

ISBN : 978-2-343-18246-9, EAN EBOOK : 9782140130168

SOPHIE CALLE

Regard sur autrui : du déséquilibre à l'imaginaire

Hwamin Shin

Préface de François Soulages

À notre époque, nous sommes aux extrêmes : soit surexposés, soit isolés du regard. Entre le regard sur autrui et le regard d'autrui, comment pouvons-nous définir et accepter le regard sans nous détruire ? À quel point est-il fidèle et comment révèle-t-il la réalité, l'existence de ce qui est regardé ? Comment le regard sur autrui peut-il jouer sur et avec l'existence de l'être humain, et de l'oeuvre ? Face à cette question, Sophie Calle présente sans cesse autrui dans des créations plutôt autobiographiques. Elle pose des questions existentielles pour établir un rapport à l'autre, un rapport au regard. Avec ses oeuvres, le problème du regard sur autrui ou d'autrui passe du déséquilibre à l'imaginaire.

(Coll. Eidos, 120 p., 14 euros)

ISBN : 978-2-343-18404-3, EAN EBOOK : 9782140129728

ETAT D'EXCEPTION

La forme juridique du néolibéralisme

Rafael Valim

Dans un contexte où un certain bavardage médiatique constituait alors sans doute autant un masque idéologique, qu'il n'était le signe d'un profond désarroi intellectuel devant la brutalité des changements à l'oeuvre, le livre de Rafael Valim offrait déjà, et offre plus que jamais aujourd'hui, des outils précieux pour penser le présent du Brésil, et, plus largement, celui des États de droit démocratiques à l'ère néo-libérale.

(Coll. La philosophie en commun, 76 p., 11 euros)

ISBN : 978-2-343-18371-8, EAN EBOOK : 9782140129629

SOIGNER

Les limites des techno-sciences de la santé

Jean-Jacques Wunenburger

Les avancées de la médecine comme ses risques, excès ou dysfonctionnements conduisent à nous interroger sur la primauté affichée du techno-scientisme dans le champ de la santé, sur les idéaux de performance et les idéologies de la toute-puissance rationnelle de la biomédecine.

EME éditions (Coll. Transversales philosophiques, 190 p., 19 euros)

ISBN : 978-2-8066-3690-4, EAN EBOOK : 9782806651709

PHOTOGRAPHIE & (RE)CONSTRUCTION D'HISTOIRES

Alejandro Erbetta

Préface de Leonor Arfuch

Dans les démarches rétrospectives qui réinterprètent le passé, les artistes travaillent à partir des traces matérielles et mnésiques, telles que les images d'albums de famille, les archives, les documents ou les témoignages. Leurs oeuvres deviennent une recréation artistique, et postulent un espace narratif singulier qui évoque une poétique de la mémoire. Partielles et fragmentaires, elles donnent à voir un récit reconfiguré par l'imaginaire et le montage. Mais peut-on reconstruire une histoire fragmentée et dispersée par le montage ? Comment remplir les vides ? En quoi et pourquoi la photographie peut-elle jouer un rôle important entre passé et présent ? Quelles relations établir entre mémoire, reconstruction et identité, entre histoires individuelle et collective ?

(Coll. Eidos, 164 p., 17,5 euros)

ISBN : 978-2-343-18421-0, EAN EBOOK : 9782140129315

BRÈVE PHILOSOPHIE DE LA CONSTITUTION

De Cicéron à René Girard

Analyse et psychanalyse des systèmes constitutionnels

Paul Dubouchet

En ce moment propice aux débats sur la Constitution, la souveraineté du peuple, la démocratie directe, cet essai veut donner un aperçu historique, politique et philosophique du problème, à partir d'une seule idée directrice repensée dans la perspective de la « théorie mimétique » de René Girard : l'opposition établie par Giovanni Lobrano entre le « modèle ancien ou romain », seul vrai modèle républicain, et le « modèle moderne ou germano-anglais », d'origine féodale.

(Coll. Ouverture Philosophique, 172 p., 18 euros)

ISBN : 978-2-343-17984-1, EAN EBOOK : 9782140128882

Structures éditoriales du groupe L'Harmattan

L'Harmattan Italie
Via degli Artisti, 15
10124 Torino
harmattan.italia@gmail.com

L'Harmattan Hongrie
Kossuth l. u. 14-16.
1053 Budapest
harmattan@harmattan.hu

L'Harmattan Sénégal
10 VDN en face Mermoz
BP 45034 Dakar-Fann
senharmattan@gmail.com

L'Harmattan Cameroun
TSINGA/FECAFOOT
BP 11486 Yaoundé
inkoukam@gmail.com

L'Harmattan Burkina Faso
Achille Somé – tengnule@hotmail.fr

L'Harmattan Guinée
Almamya, rue KA 028 OKB Agency
BP 3470 Conakry
harmattanguinee@yahoo.fr

L'Harmattan RDC
185, avenue Nyangwe
Commune de Lingwala – Kinshasa
matangilamusadila@yahoo.fr

L'Harmattan Congo
67, boulevard Denis-Sassou-N'Guesso
BP 2874 Brazzaville
harmattan.congo@yahoo.fr

L'Harmattan Mali
Sirakoro-Meguetana V31
Bamako
syllaka@yahoo.fr

L'Harmattan Togo
Djidjole – Lomé
Maison Amela
face EPP BATOME
ddamela@aol.com

L'Harmattan Côte d'Ivoire
Résidence Karl – Cité des Arts
Abidjan-Cocody
03 BP 1588 Abidjan
espace_harmattan.ci@hotmail.fr

L'Harmattan Algérie
22, rue Moulay-Mohamed
31000 Oran
info2@harmattan-algerie.com

L'Harmattan Maroc
5, rue Ferrane-Kouicha, Talaâ-Elkbira
Chrableyine, Fès-Médine
30000 Fès
harmattan.maroc@gmail.com

Nos librairies en France

Librairie internationale
16, rue des Écoles – 75005 Paris
librairie.internationale@harmattan.fr
01 40 46 79 11
www.librairieharmattan.com

Lib. sciences humaines & histoire
21, rue des Écoles – 75005 Paris
librairie.sh@harmattan.fr
01 46 34 13 71
www.librairieharmattansh.com

Librairie l'Espace Harmattan
21 bis, rue des Écoles – 75005 Paris
librairie.espace@harmattan.fr
01 43 29 49 42

Lib. Méditerranée & Moyen-Orient
7, rue des Carmes – 75005 Paris
librairie.mediterranee@harmattan.fr
01 43 29 71 15

Librairie Le Lucernaire
53, rue Notre-Dame-des-Champs – 75006 Paris
librairie@lucernaire.fr
01 42 22 67 13